图书在版编目（CIP）数据

人间笔记 / (日) 太宰治著；王淑仪译. -- 济南：山东人民出版社，2022.4
ISBN 978-7-209-13630-3

Ⅰ. ①人… Ⅱ. ①太… ②王… Ⅲ. ①箴言—汇编—日本—现代 Ⅳ. ① H363.3

中国版本图书馆 CIP 数据核字 (2022) 第 018323 号

人间笔记
REN JIAN BIJI
[日] 太宰治 著 王淑仪 译

主管单位 山东出版传媒股份有限公司
出版发行 山东人民出版社
出 版 人 胡长青
社　　址 济南市市中区舜耕路 517 号
邮　　编 250003
电　　话 总编室 (0531)82098914
　　　　 市场部 (0531)82098027
网　　址 http://www.sd-book.com.cn
印　　装 山东新华印务有限公司
规　　格 32 开 (787mm×1092mm)
印　　张 7
字　　数 80 千字
版　　次 2022 年 4 月第 1 版
印　　次 2022 年 4 月第 1 次
书　　号 ISBN 978-7-209-13630-3
定　　价 55.00 元

# 笔记

〔日〕太宰治 著
王淑仪 译

山东人民出版社

# 目 录

第一章

# 关于人生

生而为人，我很抱歉。

——《二十世纪旗手》

对生存感到心焦，为感受而焦急。

——《懒惰的歌留多》

我忘不了你叫我去死时的眼神。

——*HUMAN LOST*

## 活下去的力量

将讨厌的活动照片从头看完的勇气。

《日本浪漫派》 昭和十一年一月

# 关于某男子的修炼

“我全心全意地追求真实。我现在，追到真实了。超越真实了。然后，继续向前奔跑。真实现在似乎在我背后追着。我可没有在说笑。”

《日本浪漫派》 昭和十一年一月

# 定理

苦难愈多，某种程度而言，得到的回报就愈少。

《日本浪漫派》 昭和十一年一月

## 我终生的祈祷

写出一篇惊天动地、正向励志又一帆风顺的成功故事。

《日本浪漫派》 昭和十一年一月

## 审判

审判人之际，感觉到自己既像一具死尸又像神的时刻。

《东京日日新闻》 昭和十年十二月

## 无间地狱

这世间有扇门，不论怎么推或拉，都不动如山。就连地狱之门都可以淡然地穿越的但丁都避免提起它。

《东京日日新闻》 昭和十年十二月

## 突然想到

搞什么啊！每个人都讲同样的话。

《文艺泛论》 昭和十一年一月

## 重要的事

知也无涯。人智有限，上自××氏，下至○○氏，所知道的一切大概都相差无几。

重要的是力量。您瞧米开朗琪罗，什么都没做就拥有那样多重美好的身份，然而他任何事都不愿假他人之手，全都要自己来，执意要自己一人将大理石块从山上搬到镇上的工作室，于是弄坏了自己的身体。

顺带一提，米开朗琪罗因为对他人挑剔，所以也被人极度讨厌。

《作品》 昭和十一年一月

# 芦苇[1]的自我要求

其一，只对这世界投以关心的眼神。当发现自己耽溺于自然风景中时，要老实地说“吾已垂垂老矣”，并承认自己的失败。

其二，同样的话，绝对不说第二遍。

其三，说出“还没”二字。

① 芦苇茎是中空的，因此在日文中也被拿来暗指“软弱之人”。

《作品》 昭和十一年一月

## 我的悲哀

某夜，走在路上，一旁的草丛沙沙作响。是蝮蛇[1]逃走的声音。

---

① 蝮蛇是日本常见的毒蛇，因此常被拿来作为绰号使用，暗指“粗暴、阴险的人”。

《文艺泛论》 昭和十一年一月

# 健康

一个人若是处在什么都不想做的失志状态，表示他很健康。或至少,是在一种无忧无虑的心境中。否则，君看上自拿破仑、米开朗琪罗，下至伊藤博文、尾崎红叶，这些人的功绩，哪一个不是在疯狂状态下完成的。没错，绝对是这样。所谓的健康，是属于心满意足的猪、整日爱睡的小狗。

《文艺通信》 昭和十一年一月

# 风景明信片

在这一点（指对风景明信片的喜好），我和山岸外史不同。比起深山中的花田、初雪覆盖的富士灵峰、生长在白砂上的千本松原或是红叶为帘，若隐若现的清姬瀑布等等的风景明信片，我更喜欢以热闹的浅草寺老街为景的明信片。人群，喧闹声，前世修来的缘分，让彼此得以在今日聚集于此，偶然地被拍进相片之中。相片中的每个人都背负着各自的命运，且尽管被宿命翻弄着，却仍无时无刻不在思考着该如何开拓自身的命运。对我而言，没有谁有资格取笑这千百人中的任何一个，因为他们无疑都是为了生存而那样努力着。在他们每一个人的家中，都有年迈的双亲、妻子与孩子。我光是仔细端详他们每一个人的表情与体态，就可以花上两个小时，浑然不觉时光流逝。

《文艺通信》 昭和十一年一月

# 某实验报告

人无法为他人带来影响，同时，也不会接受别人的影响。

《日本浪漫派》 昭和十年八月

# 我的神话

因州＝因幡的小白兔，被拔毛、浸海水、烈日下晒成干，是为苦痛之始。

因州＝因幡的小白兔，用淡水清洗伤口，睡在蒲花粉铺成,松软舒适的床上,是为安乐之始。[①]

---

① 出典为日本神话、古事记中出现的神话故事《因幡的白兔》。故事大意为，俊美的大国主命是出云之国的众神之一，个性善良。他有多达数十人的兄长，统称为“八十神”。八十神听说因幡国的公主八上姬是绝世美女，于是争先恐后地出发前往因幡，欲向公主求婚。大国主命被哥哥们带上路，条件是要一人负责背所有人的行李。做弟弟的默默地接受哥哥们的指示，慢慢地跟着走。

走在前方的八十神看到一只被拔了毛、痛苦难当的兔子在海边哭泣，就教它“泡泡海水后到山上去晒太阳就会好”。照着指示做的兔子伤不仅没有治好反而加剧。此时好不容易跟上的大国主命看见它，教它“快快去河边用淡水清洗，然后将蒲花的花粉铺满床，睡在上面，就能重新长出毛”。果然如他所言，兔子的苦痛解除。于是兔子预言：“八上姬会拒绝八十神的求婚，而嫁给大国主命。”果然，当八十神抵达目的地向八上姬求婚时，公主回答：“不管你们怎么说，我都不会相信，我只想嫁给大国主命。”大国主命对兔子的建言被视为日本最早的医疗行为，而他也因此被奉为“医疗之神”。蒲花的花粉在今日也被拿来作为治疗外伤的药物。

《文艺泛论》 昭和十一年一月

## 关于螃蟹

阿部次郎[1]在他的散文中写道，有小螃蟹在自家厨房中横空飞过。一想到螃蟹会飞的那个景象，就让人笑到眼泪都掉出来。他的文章就这一点好。

我家的庭院里不时也有螃蟹爬进来。不知看官您看过芝麻般的螃蟹吗？当我发现芝麻般大小的螃蟹也会为了争吵而赌上性命时，我吓得目瞪口呆。

① 阿部次郎（1883—1959），日本哲学家、作家，师事于夏目漱石。1914年发表的《三太郎日记》被视为大正昭和时期的青春文学必读经典。1917年与高中时代的同学，即岩波书店创办人岩波茂雄一同创办杂志《思潮》。

《文艺泛论》 昭和十一年一月

# 关于金钱

金钱终究不是最好的东西。如果现在我手中有一千元，你想要的话，就给你。手中仅存的，是如太古苍穹般无垢的爱情，以及由爱而生、最残酷无情且永无止境的复仇之心。

《日本浪漫派》 昭和十年十二月

# 关于出神

被森罗万象之美所指责、践踏，费尽唇舌、心急如焚的一名男子，漫无目的地在街上乱走，有一晚他自认为看见一条隐隐可行的活路而奋起，他不断地跑、向前跑。那是在一瞬间发生的事，我称那一瞬间为出神之美。那一定不是来自恶魔的引诱，而是人为之极致。我不信鬼神，只相信人。即使有一天华严瀑布①干涸了，我也不会特别悲叹，但是无法不为演员羽左卫门②的健康祈福，或是祈求柿右卫门③的作品一个也别受到损害。今后我应以“人工之美”这个词来形容吧。天衣再怎么无缝，

---

① 原文为“华严之泷”，位于栃木县日光市，为日本三大名瀑之一，高97米，宽7米，1931年被定为日本国家名胜。

② 市村羽左卫门（1874—1945），日本大正时期到战前歌舞伎代表演员之一。

③ 酒井田柿右卫门，第一代生于1596年，江户时代著名的陶艺家，此后其名号代代相传，目前已传至第十四代。

在我眼中也只是脏得不堪入目。

顺带一提，在如此完全地放空之后所出现的空虚感，不知您知道否？

《日本浪漫派》 昭和十年十二月

# 关于感想

说到感想，真是要怎么说都行[1]。人呐，可以低头嘟嘴装可爱，也可以模仿刚从外太空而来，还保留着原始人朴质的模样。对我而言，真正实在的只有自己的身体。我这样躺着看向十只手指，动一动。右手的食指，会动。左手的小指，嗯，也会动。我盯着他们看了一会儿，觉得“啊啊，我是真的”。其他的一切，于我如浮云，甚至是生是死，我都无法分辨。这才是真真切切的感想啊！

有名男子站在远处观看着这一切，他说：“这人真是非常单纯呢！说穿了，不过就是自尊心作祟嘛。”

① 原文直译为“就像是圆滚滚的蛋，也能切出完美的四角形”。延伸之意是同样一件事情，因说法不同，可能完美处理，也可能引起纷争。

《作品》 昭和十一年一月

## 姿势 / 姿态

打从一开始，明明感到很空虚，却还是得嘻嘻笑着。“空虚的姿势 / 姿态。”

《文艺通信》 昭和十一年一月

## 所谓的冷酷

严酷与冷酷，本质就完全不同。严酷的本质是人们原本就有的，满满的温暖关怀；而冷酷则如同一个小小的玻璃器皿，在它之中，不论什么花都开不了，与凡事皆无缘。

《文艺泛论》 昭和十一年一月

# 关于所谓的不安

我们确知，所谓的不安可分为黑白两种。《浪花曲》[①] 中有句话说："等待明日来迎接我的宝船。"[②] 普希金的诗句说:"我会被明天所杀。"一念之间，是否有可能会同时出现正反两种想法呢？思索了半天，确定，会如黑白般清楚而分明地存在。

---

① 又称浪曲，是日本的一种说唱艺术，表演方式为一个人说唱，并以三味线伴奏。

② 出自浪曲中演唱四十七志"穗浪士刺杀吉良上野介，为旧主浅野长矩报仇"的故事中的一个桥段。讲述四十七浪士之一的大高源吾，在行刺的前一天，扮演卖竹竿的小贩在路上行走，偶遇了从前学习俳句时的师父宝井其角。宝井其角看到大高源吾的装扮，虽不知为何，却直觉今后彼此将不会再见面了，于是将自己身上的外套给大高源吾，并说了句："岁月如水流，人亦是。"感叹人生只能被时间之流带着走，无人能控制命运的走向。而大高源吾知道是夜将杀入吉良邸为主公报仇，若能成功，是最好的，万一失败了，就必须切腹自杀，但能在地下见到主公，这也是他的愿望，不论是成是败，明日都是愿望实现之日。因而回了宝井："等待明日来迎接我的宝船。"

《文艺杂志》 昭和十一年一月

# 关于所谓的出色

我原本已有所觉悟，认定自己除了小说以外，不会再写其他任何文章了，但某天夜里，我突然觉得要再想想。这不是太好了吗？一直以来，我为了配合世人的脚步，故意踩错步伐，刻意装成一个好色之徒，对于一点意思都没有的事情也要假装笑出眼泪来。有种东西叫制约。即使很痛苦，但事实上却还是得不断地像别人那样子写下去才行吧。

我重新想过之后提起笔，却还是告诉自己，身为作家，要写个感想文应该是在扣上背心的两三颗纽扣的时间，就可以写出来，根本不需要花这么多时间坚持。感想文只要想写，要写得多有趣就能多有趣，要写多少就能写出多少，根本不是什么了不起的东西。刚才读了《蒙田随笔集》，真是无聊死了。不过就是道理满篇。在日本的讲谈[1]中嗅到人味的难道只有我一人吗？蒙田大人。

您可能算得上是满腹诗书，但距离文学还远得很。子曰："君子和而不同，小人同而不和。"文学的玄妙之处一定就跟小人的悲哀一样。看看波德莱尔，想想葛西善藏[2]的一生。饱读诗书的君子，就算是读了讲谈本，也是感受到十分享受，一副被疗愈的样子。在我看来，那是朽木不可雕也。饱读诗书、拥有端正品格，一脸享受地写出无懈可击的感想文，那根本称不上是作家。这世上又损失了一位名士。我开始没来由地怀念起那时时在变动、总是表现得粗鲁、仿佛是恶魔化身的作者。善哉！轻佻肤浅的才子；幸哉！一败涂地的境遇；美哉！丑恶的欲念（我若想要变得了不起，随时都可以办得到）。

---

① 日本传统艺能之一，类似说书。讲者坐在前方高台，以扇子打着拍子，讲述历史故事。

② 葛西善藏（1887—1928），日本现实主义小说家。作品多是以自身经验为底本的短篇小说，是作家贫病交加、惨淡人生的自画像。

《日本浪漫派》　昭和十一年三月

# 虚荣之市

笛卡尔有本著名却非常无聊的作品《激情论》（*Traité despassions de l'me*），其中有一句话是这么说的："但愿崇敬无益于我身。"我虽不是笛卡尔，但若依着我的心情，擅自将句型套用改写成"但愿羞耻无益于我身"或是"但愿轻蔑无益于我身"云云，亦不是什么不适当的说法。甚至更进一步地说成"不管怎样的情感，都是出于对自我的怜爱"，感觉也是新鲜却也说得通的道理。那所谓牺牲奉献、谦让、侠义之类的美德本来就不过是拿来包装美化自己的欲念，如今就算指出那不过是"出于私心"，人家也不会说你真是慧眼独具或是值得尊敬什么的，所以啊，笛卡尔也称不上是有什么真知灼见。

人的软弱，说好听点，不过就是将箭射向虚空却称之为正中红心，大加赞颂。然而，比起将箭射向虚空那样显而易见的软弱，不觉得"明知其弱，还得刻意射偏，并且不让对方察觉，然后从头到尾都要装作不知情，口中还念着哎呀失败了，到头来还真的相信自己不是在演戏”这样来得有趣吗？这也是虚荣之市的骄傲。来到这个市上的人全都像是贪吃的猪、静不下来的狒狒一样，凡是我期望对我无益的情感，没有谁会比住在这个市里的人更强。而且他们夸耀着自己的牺牲奉献、谦让、侠义，装成凤凰、极乐鸟般秀逸、华丽的心情，恐怕也没有谁可以比住在这个市里的人更激烈的了。

言虽如此，但我却装病称弱，让别人看到我对于世间的评论是那样冷嘲热讽，事实上我内心如夜叉般险恶，为了要骂倒敌手，我花了十元雇请私家侦探帮我彻底调查对方的身家、学问、品行、健康情形以及失败过的事作为参考，加强我攻击对方的论证。真是因果报应。

“我说不出自己有多爱这愚蠢虚荣之市，我一辈子都会住在这虚荣之市，到死都会用各种方式，尽最大又无用的努力走下去。”

正当我在心中如此整理着虚荣之子天马行空的想法时，突然想起一位很棒的伙伴——安东尼·凡·戴克[①]。《朝日相机》[②]曾报道过他在二十三岁时所绘的这幅自画像，并由儿岛喜久雄[③]解说："背景是他常用的深咖啡色。丰厚的金发随性地飘散于前额。微微低垂的碧眼散发出低调害羞又带点神经质的眼神也好，性感的樱桃唇色也好，都如此传神，恰到好处。如少女般细致的肌肤里透着绮丽的血色，让皮肤看起来是如此粉嫩透亮。黑褐色的外衣衬托着雪白的衣襟与袖口，最外面

① Anthony Van Dyck（1599—1641），比利时画家，英国国王查理一世时期的英国宫廷首席画家，影响了英国肖像画艺术将近150年。他还创作了许多圣经故事和神话题材的作品，并且改革水彩画和蚀刻版画的技法。

② 《朝日相机》是于1926年创刊，2020年停刊的摄影杂志。它以伦敦的《每日镜报》（*Daily Mirror*）、纽约的《每日新闻》（*Daily News*）为模仿对象，以时事辅以大量新闻照片为其卖点。

③ 儿岛喜久雄（1887—1950），白桦派画家、美学和艺术史研究者，特别是以达·芬奇专家而广为人知，曾任东京帝国大学（后来的东京大学）教授。

披着深蓝丝绸斗篷，更显高雅潇洒。这幅画是戴克在意大利时画的，装饰着胸前的金链据说是来自曼图亚公爵[①]的馈赠。”此外，也听说“他的作品常是为了要在完成后接受众人的喝彩，驱使他鞭打着自己病弱的躯体下完成的，虚荣心的结晶”。一想到这二十三岁的年轻人如此毫无掩饰地将自己的脸妆化得如此美丽，而且还以颇高的价格卖给一名贵妇人，他这种厚颜无耻的行为，让我忍不住想要憎恨。

① Vincenzo I Gonzaga, Duke of Mantua（1562—1612），是当代艺术、科学最伟大的庇护者，促使曼图亚发展成为文化都市。据闻伽利略也曾拜访过他，虽未获得聘雇，但仍被赐予金锁一片与银盘两只。

《日本浪漫派》 昭和十年八月

# 闷闷日记

〇月〇日

有人将活生生的蛇丢入我家的邮箱里。愤怒。一定是那些嘲笑着一天到邮箱去查看二十次的穷作家的人干的好事。心情大坏，终日卧床。

〇月〇日

“不要把苦恼当商品来卖。”友人的来信中写道。

〇月〇日

状况不佳。血痰频频。告知家人此事，似乎没人相信。庭院一隅，桃花开了。

〇月〇日

据说我分到一百五十万的遗产。现在，有多少呢？一概不知。八年前家里与我断绝关系，是靠着家兄的一点情面才能活到现在。今后该如何是好？可以靠自己挣得生活费，我做梦也想不到。但再这样下去，只有死路一条。这一天，又干了浑事，活该我只会写那一纸破文章。

檀一雄来访。向他借了四十元。

○月○日

校对短篇集《晚年》。突然觉得，是不是该在这本短篇集完成后做个了结。就这么决定吧。

○月○日

这一年来，没有说过我坏话的有几人？三个？更少？不会吧！

○月○日

姊姊的来信。

“随信寄上二十元，请查收。时时刻刻都催着要钱，我感到很困扰。又不能对母亲说，只能从我这儿拿出钱来，真的很困扰。母亲也不是很有钱。（中略）不好好将钱当一回事，节省点用是不行的。你现在应该多少会从杂志社那边拿到一些钱吧。请不要太期待别人,好好地忍耐。凡事小心。保重身体，不要太常跟朋友们一起比较好。请让大家多少安心一点吧。（后略）”

〇月〇日

终日，昏昏欲睡。开始失眠。已两天了。今晚再睡不着，就是三天。

〇月〇日

拂晓，踏上找医生的小径。在路上一定会想起田中的歌。泪涟涟地行走在这条路上，若连我都忘记此事，还有谁会知。我一定要逼医生让我用吗啡。

下午醒来，青叶反射的阳光，心中的不踏实，引人悲伤。看来我已经学得很好了。

〇月〇日

让我羞耻到无法忍受的事情，家人竟然可以不经意地一说就中。我气得跳起来，穿上木屐要往铁路冲去！一瞬间，我停住。踢倒火炉、踹飞水桶。踩上四叠半的榻榻米，抓起铁瓶往拉门一丢，拉门的玻璃应声而破。打翻茶几，酱油洒在墙上，茶碗与盘子碎了一地。我全身带刺。若不这样大肆破坏，我无法活下去。我不后悔。

〇月〇日

五尺七寸[①]的洋鬼子，含羞而死。构想出这句话，一个人窃窃地笑了。

〇月〇日

山岸外史来访。我说："真是四面楚歌啊。"他订正道："不，大概是二面楚歌而已。"然后唯美地笑了。

---

① 五尺七寸约为今日的173厘米。

〇月〇日

有句话说“不语似无忧”[①]。有件事情希望有人听我说说。唉，还是算了吧。但是……昨晚，我为了一元五十钱的小事，花了三个小时与家人大吵。真是遗憾。

〇月〇日

夜里，不可以一个人起身去厕所。身后会跟着一名小脑袋、身着白色浴衣、瘦瘦高高的十五六岁男孩儿。对当下的我而言，要是回头看，就会没命了。那小头男孩确实存在。据山岸外史说，那是我五六代之前的人对他进行了难以言喻的残酷虐待所致。谁知道呢！

---

① 典故出自：“千峰雨霁露光冷。君看双眼色，不语似无忧。”上句是由京都大德寺开山始祖大灯国师（1282—1338）所写的汉诗，下句则由后世的白隐禅师（1686—1769）补语。现代译文为：“看着大雨刚停的连绵山峰，沐浴在阳光下，露光闪闪。请君看看人们的双眼，不说的话，还以为是无忧无虑，但其眼中闪耀的光芒，正是流过泪的证据。”

〇月〇日

小说完成了。原来是这么令人高兴的事。从头读一次，写得真不错。通知两三位友人。如此一来,我就可以把钱还给大家了。小说的题目是《白猿狂乱》。

《文艺》 昭和十一年六月

# 心之王者

前几天，有两名三田的年轻学生跑到我家来，那时我不巧因身体不适而卧床未起。我回应他们只能简短回答问题，于是将自己从被窝里拔出来，在棉袄外再披上羽织[①]与他们会面。这两名学生都很有礼貌，很快切入主题，聊完之后就早早告退。

他们跟我谈的是我在这家报社写的随笔。在我看来，我说不准他们俩到底是不足十六七岁的温厚少年，还是已过二十岁。现今，人的年龄已愈来愈难判定，不论是十五岁、三十岁还是四十岁甚或五十，都为了同样的事情愤怒、开心，也同样有些小奸小诈，也同样软弱、卑屈。实际从人的心理来看，最近的人们在年龄等各个层面的差别已愈来愈令人捉摸不定，感觉大家也无所谓。日前的这两名学生外表看来是十六七岁，但说出

① 日式外套，通常是在穿和服、浴衣时套在最外面。

来的话是经过计算的，不时令人感觉有点老成。若要说，可算得上是名新闻编辑者。这两人走了之后，我脱去羽织，又窝回棉被中，暂时睡不着于是继续思考。现今学生诸君之境遇，不禁让我感到悲悯。

学生并不属于这个社会的任何一个部分。那么，我们就对这不属于任何东西的身份来思考。我顽固地认为，所谓的学生该有的模样是穿着蓝色风衣的恰尔德·哈罗尔德[①]。学生是思索中的散步者，是青空中的云朵，并不该是个编辑者，不可以扮演公务员，就连学者也不行。要成为一个老成的社会人士，对学生而言，就是一种可怕的堕落。这也许不是学生本身的罪过，一定是谁如此引导他们，是故我说我替他们感到可怜。

那么学生本来应有的姿态又该是如何呢？对

---

① 出自拜伦的长篇叙事诗《恰尔德·哈罗尔德游记》（*Childe Harold's Pilgrimage*），也是他的成名作中的主角恰尔德·哈罗尔德。日本在第二次世界大战前到战后的旧制中学、高等学校（高中）、大学的学生制服以黑色风衣、白线黑帽、高木屐为基础。

此，我引用弗里德里希·席勒[1]的一篇神话史诗作为答案向各位阐明。你们一定要多读读席勒的作品。

在今日这样的时局之中，更是一定要好好地读他的作品才行。为了要有更坚强的意志、持续明确且远大的希望而努力，诸君今日更该想起席勒，并爱读他的作品。席勒的史诗中有一篇非常有趣的作品，篇名为《地球的分配》（*Die Teilung der Frd*），其大意约为如此：

众神之父宙斯自天下对人间发布命令道："拿去吧，这个世界！""拿去吧，这个世界属于你们的了。我将这个世界作为我的遗产，作为你们永远的领地赠送给你们，你们要好好地彼此商量如

---

① Friedrich von Schiller（1759—1805），德国著名诗人、哲学家、历史学家和剧作家，德国启蒙文学的代表人物之一。德国文学史上著名的"狂飙突进运动"的代表人物，也被公认为德国文学史上地位仅次于歌德的伟大作家。1940年（昭和十五年）5月太宰治于《新潮》所发表的短篇小说《跑吧！美乐斯》（走れメロス）即是改编自席勒的诗作《人质》（*Die Burgschaft*）。

何分配。”众人闻声，纷纷争先恐后，只要是有手有脚的人都为了抢占先机而开始东奔西跑。农民在原野上打桩划出地界，当他将此处耕耘成田地时，地主突然出现将抱在怀中的手抽出来，平静地说：“这块地有七成是我的。”然后，商人在仓库里堆满了货物；长老四处探求陈年的葡萄酒；王公贵族迅速在绿色森林的周界拉起绳子，将此作为自己快乐狩猎及与爱人偷情的地方；市长将巷弄占为己有；渔人在水边定居。当所有地方都被分割完毕之后，诗人才缓缓地出现，从遥远的远方徐徐而来。啊啊，可是此时早已一处不剩，所有的土地都已经被人贴上名条占领了。“哎呀，真是无情！为何只有我一个人被大家排除在外呢？明明我是你最最忠实的子民！”诗人奔向宙斯的王座前，大声地诉苦。“谁叫你沉浸在美梦之乡，姗姗来迟。”神打断他，“你不该怨我啊，你说说当大家正在瓜分地球的时候，你到底去了何处？”诗人回答：“我就在您身边呐，我的眼仔细地端详着您的脸，耳朵听着天上的乐音入迷。请原谅我，我在您散发的光芒下陶然忘我，将地上发生的事情都给忘了。”宙斯听了之后温柔地说：“那我该如何是好呢，我已将地球给了众人了，秋天、狩猎、市场，没有一项是属于我的了。你想看我时就到天上来吧，这里永远为你留一个位置！”

如何呢？学生本来的姿态，应该就像故事中的诗人一样，是神的宠儿。对于地上人们的汲汲营营，他一点都不擅长，然而他对自由的高贵憧憬却让他得以时时与神同在。

请认清你所拥有的此种特权，请以拥有此种特权为傲。这可不是你永远都能拥有的特权。啊啊，那时间真的很短暂，也因此请你务必珍惜，千万不要弄脏了你自己的身体。关于地上的分割，在从学校毕业之后，就算你不想要也会分给你。要成为商人就会变成商人，想做编辑也可以，或是做官也不成问题。然而可以在神的宝座之前与神并肩同坐，那是在学生时代以外绝对不可能的事，而且这机会一去不再复返。

三田的各位学生诸君呐！你们一定要在歌颂“陆上王者”的同时，暗自在自己的心中以“心之王者”自居。你一生当中可以与神同在的时期，只有这么一次，绝无仅有。

《三田新闻》 昭和十五年一月

# 诸君的位置

在这世间，该站在哪里，该坐在哪里，十分暧昧，学生们对此感到困惑。究竟该不该装作对世事一概无知地一派天真，凡事依赖父兄们就好？又或是该作为“社会的一员”，装模作样，如猴子学人说话那样习得世间大人们的口气说话，为了活得像个大人而努力才好？这对学生来说都很不自然，无怪乎你们如此躁动不安。

诸君哪，你们已不是小孩子，也还不算大人，既不是个男人，也不是女人，是个身着灰尘扑扑制服，拥有“学生”这个全然特殊身份的人。那就像是西洋神话中半人半兽的山野之神——潘恩[①]，上半身像人，四肢是毛茸茸的山羊脚，小小的尾巴卷了好几圈、头上还顶着短小的山羊角。哦不，身为牧羊神的潘与人类亲近，同时也是个

---

① Pan，牧神和森林之神，是所有羊男的首领。

音乐天才，擅长吹笛，甚至还发明了牧笛，是个聪明伶俐又开朗的神明，学生诸君之中，有人几乎是跟潘恩一样，但也有人像是拥有黑暗丑恶之心的萨提尔——阴郁好酒色的酒神狄俄尼索斯[1]之宠儿。

人生在世，一定会碰到状况不佳、陷于低潮、令人悲痛不已的黑暗时期。诸君究竟该在哪里坐或站，该追寻什么才好呢？日前我向一名学生推荐了席勒所著的史诗，没想到这位同学非常喜欢。诸君哪，就是现在，不可不读席勒。你可知他那直白的睿智将能为诸君指引出一条未来之路吗？

众神之父宙斯自天下对人间发布命令道："拿去吧，这个世界！"

"拿去吧，这个世界属于你们的了。我将这个世界作为我的遗产、作为你们永远的领地赠送给你们，你们要好好地彼此商量如何分配。"众人闻声，纷纷争先恐后，只要是有手有脚的人都为了

[1] Dionysus，古希腊神话中的酒神。

抢占先机而开始东奔西跑。农民在原野上拉起绳子圈地；贵族子弟为了狩猎而占领森林；商人收集物资堆满了仓库；长老四处探求陈年的葡萄酒；市长在市街外围筑起城墙；王者在山上竖起大面国旗。

当所有地方都被分割完毕之后，诗人才缓缓地来到，从遥远的远方徐徐而来。啊，可是此时地球表面上所有的东西都已被人贴上名条占为己有，就连一坪的青翠草地都不剩。“哎呀，真是无情！为何只有我一个人被大家排除在外呢？明明我是你最最忠实的子民！”诗人奔向宙斯的王座前，大声地诉苦。“谁叫你沉浸在美梦之乡，姗姗来迟。”神打断他，“你不该怨我啊，你说说当大家正在瓜分地球的时候，你到底去了何处？”诗人边哭边回答：“我就在您身旁哪，我的眼仔细地端详着您的脸，耳朵听着天上的乐音入迷。请原谅我，我在您散发的光芒下陶然忘我，将地上发生的事情都给忘了。”宙斯听了之后温柔地说：“那我该如何是好呢，我已将地球给了众人了，秋天、狩猎、市场，没有一项是属于我的了。你如果想在天上跟我一起，就到天上来吧，常常过来吧，这里永远为你留一个位置！”

这篇史诗结束于此，而这诗人的幸福正是学生诸君的特权，请你们要有自觉，且无须畏惧，就这么英姿飒爽地活着吧。在现实生活中，那些无谓的地位、毫无用处的资格，就干脆地抛弃了吧。诸君将会发现你们的位置在于天上，云才是诸君的友人哪！

我并不是不负责任地夸大其词，要用什么不成熟的观念来欺骗各位。这是最聪明且最接近事实的道理。在这世间里的位置，只要诸君一从学校毕业，就算你不想要也会被赋予。所以现在，请不要模仿世间的人们，相信美的存在、上街去寻找它吧。请想象最高等级的美，它是真实存在的。只有在你仍身为学生的期间，它会为你而在。我想要更具体地形容，但不知为何今天的我非常不耐。你们为何什么话也不说？看你们这个样子我都想跳下去推你们的背了，如果是头脑不好的家伙就算了，我希望你们去读、大量地读契诃夫，然后模仿他。我并不是说一些不负责任的话，只有这件事情我希望你们去试试看，也许就能多少理解我的意思。

我光说一些失礼的话，但若不用这样粗暴的方式表达，诸君老是把别人的话当耳边风都已变成习惯，虽然我觉得这不是你们的罪过。

《月刊文化学院》 昭和十五年三月

# 义务

尽义务，并不是件容易的事。却又非做不可。人为何而生？为何要写文章？对现在的我而言，只能说是在尽义务。我并不是为了钱而写，并不是为了快乐而活着。前几天，我一个人走在郊外的路上，突然想到一件事。“所谓的爱，到头来会不会也只是在尽义务而已呢？”

具体来说，我现在要写五张（稿纸）的随笔，就非常痛苦。十天前我就一直想着我该写什么。为何不拒绝这个案子呢？因为人家叫我写。对方来信，要我在二月二十九日之前交出五六张稿子。我不是这本杂志（《文学者》）的作家，将来也不打算成为他们的人，为他们撰稿的作家我也大半不识，因此我没有非写不可的理由，然而我却回信给对方说我会写。说来也不是需要赚稿费，更无心要讨好那里的作家前辈们，只是因着我自己订下“在可以写的状态下，有人来邀稿，就一定要写”的原则，我回答愿意写。这原则就像是当你有办法给予时，别人来要求你就一定得给是一样的。多亏我文章里的词汇多是那样夸饰的，因而老是引起人家的反感，多亏我大大地承继了“北方百姓”之血统，因而有了“平常讲话就这么大声”的宿命，关于这一点，希望大家不用费心对我提高警觉，连我自己都快搞不清楚究竟想说什么。这样不行，我得重新振作。

我是因为义务而写作。如前所述，在可以写的状态下。这并不是自命清高，换个角度来说，我现在虽然有点感冒，微微发烧，但不至于卧病在床，不是病重到无法撰稿，是还可以写作的状态，且到二月二十五日为止，这个月预定的工作也都已结束，二十五日到二十九日之间并没有其他稿债，在这四天里，我再怎么样也应该写得出五张左右的稿子，是可以写作的状态，因此我一定得写。我现在是因义务而生。是义务，支撑着我的生命，若是靠我自己的本能，那我早就可以死了算了。死了也好，活着也罢，或者生病，我想也没有太大的不同。然而是义务让我不死，是义务命令我要努力，命令我要永无止境地，努力再努力，我因此颤颤巍巍地撑起身体，战斗。我不能输。就这么简单。

没有比为纯文学杂志写短文更令人痛苦的事。我是个性鲜明的人（我五十岁之后，个性能否不要变得更糟呢，我还想要达到随心所欲地写作的境界，这是我唯一的期望），不过五六张的随笔里，我却想把我的想法全部挤进去，不过似乎不太可能，我老是失败。于是只能时常将这样失败的短文在前辈、友人面前曝短，再接受他们的指正。

看来，我还未能调整好心境，无法写好随笔这类的文章。太勉强了。从我回复可以写这五张的随笔至今的十日间，我不断取舍了各种题材。算不上取舍，只有一路舍弃，“这个不行，那个也不行”不断丢弃，最后什么也不剩。有些题目也许可以在座谈会上聊聊，但若要在这样的纯文学杂志中写着“昨日，栽植了牵牛花，有感”，这一字一字请活字工人去捡铅字，由编辑为我校对（校对别人无聊的无病呻吟，真是苦差事），然后成书摆在书店里，一个月之间，“栽植了牵牛花”“栽植了牵牛花”从早到晚在杂志的一隅不断重申，实在令我难以忍受。若是刊在报纸上，一天就过去了，还有救；若是小说，且又是将想说的事情全都写进去，一个月左右在店头不断叫卖，我也做好要丢脸丢到底的心理准备，唯有这“栽植牵牛花有感”，要连续在书店念一个月，我实在没那勇气。

《文学者》 昭和十五年四月

# 无自信

长与先生在本报（《朝日新闻》）的文艺时评专栏里，以拙作为例，指责现代新人作家的一些通病。对于新人作家，我感到自己有责任，不得不出来说句话。自古以来，一流作家都有非常明确的写作动机，并且有着强烈的自觉，因而在他们的心中怀有难以撼动的自信；相反地，现今新人作家对于基本的动机并无信心，先生指责我们，说我们应坚定不移地写字字句句，真是当头棒喝，我也认为确实如此没错。如果可以的话，我也很希望能拥有自信心。

然而，我们却无法拥有自信。如何能有呢？我们绝非怠惰，也不是过着无赖的生活，确实是孜孜矻矻地读着书，然而愈是努力，愈没有自信。

我们并非处处找理由借口，将一切罪过推诿于社会，我们也想肯定这个世界，率直地肯定这个世界原本的模样。但是每个人都那样地卑躬屈膝，每个人都是机会主义者，每个人都只是谨小慎微地努力着。但我们绝对不认为这是决定性的污点，一点也不。

我觉得，现在是一个大的过渡时期，无法从没有自信的状态中遁逃。看看每个人，有谁不是奴颜婢膝，有谁会不看重这没有自信的模样。我祈望我们不是在克服卑屈的过程中，而是在率直地肯定卑屈之中，开出前所未见的美丽花朵。

《朝日新闻》 昭和十五年六月

## 悄声

我想，我只能相信，傻傻地相信。当有人在浪漫情怀的激情下、梦想的力量推动下企图要突破难关之际，我们不要在一旁喊“等等、等等，要不要暂停，确认是否一切就绪”等不识时务的忠告。这个时候，我们只要相信，并跟着一同前行就对了。生死与共，不论是家人还是朋友，都应该如此。

没有能力相信别人的国民，我想一定会失败的。只有默默地相信，默默地让生活往前走下去才是正确的做法。与其去说别人如何如何，倒不如想看看自己是什么模样。我想趁着这个机会深刻检讨。这正是绝佳的机会。

因为相信而失败，就不会后悔，甚至可以反过来说，那是永远的胜利。所以就算被笑也无须感到耻辱。但可以的话，好想要相信然后成功，那喜悦绝对无与伦比！

比起被骗的人，骗人的更会感到数十倍的后悔，因为他会下地狱。

不要说什么不公平，默默地相信，跟着走就对了。人说，沙漠之中有绿洲，请相信这浪漫的传说。除了相信，别无他法。

要看轻“松懈安稳”并不是件容易的事，但意外地，一般人都是活在“松懈安稳”之中，一边嘲笑别人的“松懈”，却又视自己的“安稳”为一种美德。

“您觉得生活是什么？”

“忍受寂寞。”

自我辩解是失败的前兆。不，应该说是已居于失败的状态。

“您觉得什么是失败？”

“对恶谄媚。”

“什么是恶？”

“无意识的殴打。有意识的殴打并不是恶。”

所谓的议论，往往是带有想要对方让步的强烈意识。

“您觉得什么是自信？”
“看见未来的烛光时的心态。”
“那现在的呢？”
“那是没用的东西。笨蛋。”

“您觉得有自信吗？”
“有的。”

“您觉得什么是艺术？”
“三色堇。”
“无聊。”
“无聊的东西。”

“您觉得什么是艺术家？”

“猪的鼻子。”

“这样说，太过分了吧。”

“鼻子可以闻出三色堇的味道。”

“感觉您今天心情蛮好的。”

“没错，艺术就是在这种状态下产生出来的。”

《帝国大学新闻》 昭和十五年十一月

# 私人信件

阿姨：

今早我收到您长长的家书。谢谢您关心我的健康状态及未来生活等种种事项。但是我对自己将来的生活一点计划也没有。我并非放空一切，也不是放弃自己，我只是不擅于预测未来，对于该往左还是该往右得放在天平上慎重权衡，您不觉得这样反而会造成悲惨的错误吗？

古人曾有言："不为明日忧。"我只知道我要从早上睁开眼的那一刻便好好地活过这一天。我现在不会说谎了，也慢慢地学会不虚荣、不耍心机。现在也不再将事情留到明天，眼前就打混而过。我非常珍惜每一天，绝对没有虚妄度日。

对现在的我而言，每一天的努力将累积成为整个生涯的努力。我想身处战地之人恐怕也是抱着这样的心情吧。阿姨请您今后不要再杞人忧天了，没有比因为怀疑而导致失败更糟的生活方式，我们要有信心，即使是一寸之虫也有五分的赤血丹心。苦笑度日不是办法，只有天真地相信的人，才能一派轻松。我不会放弃文学，我会秉持信心迎接成功的到来，请您放心。

《都新闻》 昭和十六年十二月

# 一问一答

“您最近有何感想，可以告诉我们吗？”

“我很困扰。”

“说到困扰，我也是如此。先生您为何困扰呢？愿闻其详。”

“我最近时常觉得，人呐，一定要正直。这虽是我愚蠢的感想，但近日走在路上，我不时有这样的想法。如果只想要虚应故事，那生活将变得困难且复杂。正直地说话、行事，生活其实可以变得很简单。人生没有所谓的失败。失败是当你想要打诨却又混不过去时才说的话。还有，无欲很重要。当欲望高涨时，会让人变得想要轻松混过，但是一旦有了打诨的想法，很多事情都会变得复杂，最后露出马脚，造成不当的结果。这虽然是理所当然的道理，但我却花了三十四年才体认到这些事。”

“您现在回头读年轻时的作品，有什么感觉？”

“很像是去翻开从前的相簿。虽然是同一个人，但穿的衣服不一样了。看到相片中自己穿的服装，有时也忍不住想笑。”

“您是否怀有某种……可称得上是主义的中心思想呢？”

“生活中，我一直思考着所谓的爱，但我想这并不是我专有，任谁都会思考这件事情吧。然而，那真的是一个难题。人们谈论爱时，也许常会想到一些甜美的事物，但其实爱是个很难的东西。要如何去爱？我至今还不明白，感觉那不是可以挂在嘴上常说的字。我觉得自己是个感情深厚的人，但有时却又完全相反。总而言之，很难。那跟刚才我们谈到的正直也多少有些关系。爱与正直，我是似懂非懂，换句话说，对我而言，还有些地方并没有弄清楚。正直是现实的问题，爱则是理想，也许就是在这里，潜藏着可以称作我的中心思想的东西也说不定，只是我还没有弄清楚。”

“您是基督徒吗？”

“我不上教会，但会读圣经。我想，世上恐怕没有比日本人更正确理解基督教的人种，日本未来很有可能成为基督教世界的中心。最近欧美的基督教实在是太令人失望了。”

“很快就到各式展览会开展的季节了，有什么吸引您想去看的吗？”

“我还没有去看过哪个展览，不过这一阵子很少有人是快乐地作画的，一点喜悦都没有，生命力非常薄弱。

“不好意思让我在此大放厥词。”

《艺术新闻》 昭和十七年四月

# 纯真

若要说的话，“纯真”的概念应该可以在美式生活中找到典范。例如说，在某某学院的某某女士一脸忧愁地赞叹道：“孩子的纯真是高贵圣洁的！”这种极度暧昧模糊的话，被这位女士的学生奉为圣旨，回家对自己的丈夫转述。她那满脸络腮胡的丈夫一把年纪了，却也跟着起哄说：“是的，我们要珍惜孩子的纯真。”这画面就像是在描绘一对愚蠢的父母。

在日本，虽有谓为“诚心”的伦理观，却没有“纯真”的概念。若有人打着“纯真”的名号，那绝大部分都是在演戏，否则就是笨蛋。小女今年四岁，已会对今年八月刚出生的小婴儿狠狠地敲头，这样的“纯真”究竟哪里高贵了？光凭感觉活着的人与恶鬼相似，无论如何都需要伦理的训练。

我们看看那被孩子指责是狠心妈妈的她，应该是位好母亲。我没听过从小过得辛苦的人，长大会有坏结果的。人应该从小时候开始，就有悲惨的回忆才是好的。

《东京新闻》 昭和十九年十月

# 小小的愿望

耶稣基督被钉在十字架上，被脱下来的全白里衣找不到一处衣缝，整件是照着耶稣身形织出来的罕见衣物，士兵们也为其高质量而赞叹。此事也被记录在《圣经》里。然而各位贤能的妻子呀，我们不是耶稣只是市井里的懦夫，每天如此辛劳，所以一旦非死不可的时刻来临，我们并不期望身上穿着的是高贵的无缝里衣，可不可以至少请你们做件纯白印度棉的内裤给我们穿着啊。

《朝日新闻》 昭和二十二年十一月

# 革命

自己做的事，若不能说明白，就成不了革命，什么也不是。当自己这样做,心里却想着其他的事，嘴上还讲着我一定要这样做时，人类翻天覆地的革命将永远不会发生。

《罗马艺术》 昭和二十三年一月

# 关于结党

结党，是种政治。如此一来，政治应该也就是力量了。那么我们也许可以说，结党是以结合众人的力量为目标而发明的词汇。而一般认为那力量之所在，应当就在于“多数”之上。

在政治里，三百票比两百票有着绝对的、几乎是如同在神的审判下的胜利，然而在文学之中，是有些许不同的。

我们来看看那些被以“孤高”这个从古至今被长期使用的糟糕字眼奉承的人们，大多都是惹人厌的家伙，任谁都不想跟他来往。这些所谓“孤高”的人们，动不动就轻蔑地痛斥着“群体”。他们为何要这样痛骂，没人知道是什么道理，只是痛骂着别人的“群”,可以凸显自己所谓的“孤高”,因而古今东西的伟人们都搭着“孤高”这样的传说之便，粉饰着己身的寂寥。

要注意那些以“孤高”自居的家伙。第一，

那是种高傲的态度。他们几乎没有例外的都是“心机败露的伪君子”。这个世上根本没有所谓的“孤高”。或许有孤独吧，倒不如说“孤低”的人才多的是呢。

以我自己现在的立场来说，我虽然非常渴望有好朋友，但没有一个人愿意跟我来往，必然地造成了我的“孤低”。话虽如此，也有可能是其他人觉得我会因为“与人为群”感到痛苦，而宁可选择“孤低”这条路，他们认为我这样当然不好，但也认为这样我会比较轻松，所以不与我交往。

我想要再对“结党”一事再多点说明。对我而言（其他人如何我不清楚）最痛苦的是一群人一味地面对一件很愚蠢的事却不愿说破，反而还得大大称颂,这样的义务是种负担。所谓的“结党”，从第三者的角度来看,就是一群人以所谓的“友情”而彼此相连，我这样一竿子打翻一条船实在不好，但他们那样看上去像是啦啦队般口径或步调一致地开心拍手，但其实内心最痛恨的就是同样居于一团之中的人。相反地，内心最想要依靠的，却是位于敌对党羽之中的那个人。

没有比身在党羽却厌烦自己的同党更令人困扰的境况了。我知道，那会成为自己一生忧郁的原因。

新的结党形式，应该是从公然背叛同伙开始。

我在结党之中，未曾看过友情、信赖。

《文艺时代》 昭和二十三年四月

# 第二章

# 关于文学

一事无成的苦闷。

软弱。

圣经。

生活的恐惧。

败者的祈祷。

你们什么都不明白，甚至对这样无知的自己感到自豪，

这样还称得上是艺术家吗？

——《如是我闻》

# 任性

为了文学而任性，是件好事。

但如果是连符合社会期望的那一点点任性都办不到，更遑论文学。

《东京日日新闻》 昭和十年十二月

# 文章

文章确实有好坏之分，就如同人的面貌、姿态一样吧，是宿命，拿它没办法。

《东京日日新闻》 昭和十年十二月

# 兵法

文章之中，若有个地方让你犹豫究竟该割舍还是保留不动才好的话，就一定要将此处删除。想都别想要再加些什么句子之类的。

《日本浪漫派》 昭和十年十一月

## 言语的奇妙

“舌头打结”“辩口利舌”“瞠目结舌”“舌灿莲花”。

《文艺泛论》 昭和十一年一月

# K君

他诚惶诚恐地，像是要探问什么天大秘密般，一脸煞有介事地问我：“您喜欢文学吗？”我沉默以对。即使再怎么摆出一副凛然的样子，却只是个毫无知识的十八岁少年——唯一让我感到不知所措的对象。

《文艺通信》昭和十一年一月

# 打招呼

有个男人很会做表面功夫，舌灿莲花，看起来似乎是将全身的精力都投注于此道。他难道都不会觉得丢脸吗？柿右卫门蹲在炉灶前，与外面路过的民众互道早安。在对方的印象中“柿右卫门先生是个礼貌周到的人”，但柿右卫门却连有人走过都不记得了，只知道要做到“对人有礼貌”。

该谅解柿右卫门这样的失礼吗？套用岛崎藤村[①]说话的语气：“艺术之路非常艰苦。年轻人哪，千万要戒慎恐惧。”

① 岛崎藤村（1872—1943），日本诗人、小说家，为日本自然主义文学的重要作家。

《日本浪漫派》 昭和十一年二月

## 作家一定要写小说

没错，既然这么想，就该实际付诸行动。读《圣经》不需特别发表对它的研究。今日事今日毕，明天还有明天该做的事。我们应该这样做。只有明白是不够的，大家不都是只知而未行吗？

《日本浪漫派》 昭和十一年二月

# 布尔乔亚艺术中的命运

我从未见过平民、工匠的艺术。只有查理斯·路易·菲利浦[1]让我感到震惊。我，不，该说每个人都将来自各个层级的艺术通称为艺术，我想这段论述应可成立："作为艺术家，要越有钱越好。不然至少也得要有过人的商业头脑，才有办法（不怕丢脸地）为自己的画作、书稿标上高价叫卖，换得丰润的生活继而精益求精。但这样的人不论再怎么努力，与天才相比，也只是二流。"

① Charles-Louis Philippe（1874—1909），法国小说家，著有《四则贫苦的爱情故事》《母与子》等作品。这些作品文风写实，对贫民阶层的民众抱有同情心，与当时法国文坛盛行的、同样也强调写实的自然主义有着明显区隔。

《日本浪漫派》 昭和十一年一月

# 感谢的文学

在日文中有这么一句话，“疏忽大意招致失败”，因此日本人总是谨小慎微。在艺术的表现上，总是到了一个程度之后就不再精进，却也不会退步。若您不信，看看志贺直哉①、佐藤春夫②等人便知。不过，我觉得这样也没有什么不好（至于岛崎藤村，我打算另外辟文讨论）。欧洲的大作家在五六十岁之后，也就只有量了，都是形式的堆砌。管他是荞麦面还是寒天面，只要量够多，看起来就像是有那么一回事。藤村大概是欧洲人吧。

但是，我为了感谢，或说为了钱、为了孩子、为了留下文字，所以才这样辛苦地写作。不嘲弄别人，只偶尔笑笑自己。最近，这种恶文学完全

① 志贺直哉（1883—1971），日本“白桦派”作家之一。

② 佐藤春夫（1892—1964），日本小说家、诗人，曾翻译《鲁迅选集》和《大鲁迅全集》。

没有人要看了。名为民众的混沌怪物，在这点，是正确的。当然也还是有那种写出特别优秀作品、追求自我突破、晴耕雨读、把握每一个当下的好作家；那些过去被祝福的人；经历了但丁的地狱篇，得以品味天国篇的人。另一方面，也有只在意《浮士德》中的梅菲斯特，却连葛丽卿[1]的存在都忘了的复仇作家。对我而言，并不能评判孰优孰劣，只能说像《窗》《好人物夫妇》《出世》《蜜柑》《春》《新婚家庭》《鲤鱼》《梦中桧》[2]等等这类充满对于生之感谢的小说，是永远不灭的。

---

① 葛丽卿（Gretchen）是浮士德所爱上的一位漂亮女孩，由于恶魔梅菲斯特的诱惑，女孩开始对浮士德动心，并且怀孕。

② 《窗》《蜜柑》为芥川龙之介（1892—1927）的小说，《好人物夫妇》为志贺直哉（1883—1971）的小说，《出世》为菊池宽（1888—1948）的小说，《春》为岛崎藤村（1872—1943）的小说，《新婚家庭》为德田秋声（1871—1943）的长篇小说，《鲤鱼》为井伏鳟二（1898—1993）的小说，《梦中桧》为井上靖（1907—1991）的小说。

《东京日日新闻》 昭和十年十二月

# 古典龙头蛇尾

这两天，我只是起身就痛苦得要抓狂，光是拭去满头大汗就耗尽我所有力气，但我还是得要将这样的痛苦放在一边，好好地来论述现今的日本文学。我这样手握着笔闭上眼睛，感觉身体就要被地狱吸走，我竭力逃脱后写下此文。

我试着想要诚实地写出我对日本文学的看法，但这想法果然让我十分焦虑，只有令人厌恶的感想的感想的感想的感想如同鸣门漩涡[①]般一直不断地翻搅又涌现，泛滥成灾，让我不知该从何处下手。通常面对这一桌子满溢的思绪，我的做法都是先拦阻，使其凝结后再如同裁切色纸般修整成一篇文章，但是今天于我书斋中泛滥的洪水，我打算直接汲取使用，一定也行得通吧。

“传统”一词很难定义，因为它拥有不可思议

① 日本鸣门海峡上的漩涡，是日本知名景点。

的力量。比方说，某大学出了一名球技卓越的乒乓球选手，此后这所大学每年都会出现乒乓球好手，于是世人说这是传统的力量。身为乒乓球大学的学生，矜持成了这种不可思议的现象的一大诱因。传统于是成了自信的历史，每日自恃的堆积。

五七五调[①]已内化为身体的一部分，边走路边哼吟的句子，若是注意数，一定是五七五调——“要是肚子饿，就无法上场打仗”。[②]真是句型工整呢。

思索的形式也趋向一元。接着一定是一脸严肃，绝对不会显露出困惑的样子。固守单方面的观点，至死不疑。没有追寻真理的学徒，人人都是达观大师。一定会对人说教。就连最写实的作家西鹤[③]，也不忘在他的故事发展之中编入光明的人生观。野间清治的文章中也可见到传统的框架。

① 五七五调为俳句创作形式，以三句十七音为一首俳句，首句五音，次句七音，末句五音。有些日本民谚也采用五七五调。

② 原文为：ハラガヘッテハ、イクサガデキヌ，此为日本民谚。

③ 井原西鹤（1642—1693），日本江户时代俳句诗人、小说家。他早年写俳句，后写小说，内容多反映商人和市民的生活，为日本浮世草子的创始人。

小说家如里见弴、中里介山等，在说教这一点上完全符合条件，可称作是纯日本作家。

日本文学是十足实用主义。文章报国、祈雨歌……没有诙谐曲(Humoresque)。此为国体所致。以一种要锻造日本刀般的心情来为文，一笔三拜。

没有人知道单纯只为享乐而作文的方法，只喜好深刻的文章,不懂得品味之美。通篇大小道理，一点都不有趣。不爱月亮上的小白兔，只喜欢咔嚓咔嚓山里的兔子。咔嚓咔嚓山是一篇关于报仇的故事[1]。

妖魔鬼怪更是日本古典文学的精髓。狐狸新娘、月夜下把肚子当大鼓来敲的狸猫。只有这类

① 咔嚓咔嚓山（かちかち山）是一则日本童话故事。讲一对老夫妻以耕田为生。狸猫偷吃田中芋头，被老爷爷设下圈套活捉，老奶奶趁老爷爷出门后放了它，却被恩将仇报的狸猫杀了煮成了汤。老爷爷回到家后，食用了那锅汤。此时狸猫一边笑，一边逃回山上，老爷爷才知道被骗。老爷爷与兔子商量要教训狸猫，于是兔子约狸猫一起上山砍柴。兔子在回来的路上，使用打火石“咔嚓咔嚓”点燃狸猫背着的木柴。狸猫问兔子“咔嚓咔嚓”是什么声音，兔子回道：“这座山叫咔嚓咔嚓山，山中的咔嚓咔嚓鸟会发出这种响声。”狸猫不疑有他，背部因此被火烧伤。最后，兔子约狸猫一同钓鱼，骗狸猫坐上泥巴船，狸猫沉入水中溺死。

的传统至今仍然大放异彩，一点也不陈腐。倩女幽魂是日本文学的象征，根深蒂固。

日本文学的传统，与美术、音乐相较之下，原罪是最微弱的。它给我们这时代的文学带来什么样的影响呢？我直觉写下自己的想法。答案是：一点也没有。

到了我们这个时代，那愈来愈孱弱的传统之丝恐怕即将“啪”的一声断裂吧。诗歌的形式至今仍是五七五调，仍夸耀着形式的完整，影响及至散文。

白得快要透过去，或是涂上白得快浮起来的粉底等等，这样的日文对我来说简直是第一次听到的外语。没错，日文中一个字一个字都像是有着各自的生命，本身并没有错，但并不表示它就是日语。一字一语的意思在不知不觉中有着巧妙的转化。比如“遗憾”，这极为普通的一个词，传到听者耳中也像是个外国词。在一个字句中，已产生质的变化。

生病疗养中的托洛茨基[1]曾看见新闻影像中的庞贝，哀伤地几乎要落泪。我们对于古典文学的心理也跟这情景相似。我不认为《源氏物语》本身，在质量上有多么了不起，只是想到介于《源氏物语》与我们之间的数百年风雨以及发现历经风霜的《源氏物语》与二十世纪的我们所有的共鸣，而不禁感动。现在来写《源氏物语》，任谁都不会觉得有何值得称赞之处。

日本古典文学中没有值得盗取之物。我自恃在一群朋友之中已经算是读很多日本古典文学的人，但至今从未自古典中引用任何一段文章。西洋古典文学倒是引用蛮多，日本古典文学却完全派不上用场，几乎可以说是个死城。曾经人们在这里享用美酒、观赏美丽的菊花，现在我们却无法将它带入今日的文艺之中。古典有它身为古典的独自乐趣，但也仅止于此。不信的话可以重温

① Leon Trotsky（1879—1940），苏俄和苏联早期领导人之一，联共（布）党内反对派首领。

一下辉夜姬[1]试着在里面寻找可取的文章的意境，一定找不到吧。

日本古典文学的传统中最隽永美妙的是名词。经过几百年岁月，吸取了几百万名日本男女的生活，成就出如黑曜石般的光芒，这也是唯一可取之处。提到原野必是茜映紫野[2]；岛屿必是浮岛、八十岛；海滨必为长滨；海浦必为生之浦、和歌之浦；寺庙必是壶坂、笠置、宝轮；森林必是忍之森、假寝之森、立闻之森；关口必为勿来关[3]、白川关。

不只古典如此，和服的名称也是。黄八丈、蚊飞白、蓝微尘、麻之叶、鸣海绞染……就算过去未曾见过实物，但那模样却能历历在目，真是不可思议。这就是传统的力量吧。

---

① 日本童话故事《竹取物语》的主角。

② 满布紫草的原野，出自《万叶集》。

③ 原文为“なこそ”，古语中表“禁止”与“来”二字的结合，并非确切指何处。

感觉正写得顺手，却已经满八张稿纸了，是编辑指定的张数，再次感受到现实的沉重。回头重读一遍，真是不知所云，杂乱无章，前言不搭后语。这种东西真的能拿出去见人吗？有没有更能达意之词可以用呢？让我再想想。

还是不行。在这里结束好了，请见谅，我要去写小说了。

《文艺恳谈会》 昭和十一年五月

# 创作余谈

编辑的来信中，问我可否写些创作余谈，他在信中的语气有那么点不好意思。被人这样一说，该要感到不好意思的，是作者。这名作者至今仍默默无名，不要说什么创作余谈，就连创作本身都快要无法顾及，只有苦苦追寻，埋头思案之后彻底放弃，又或是再度奋起，用功读书又立刻感到激愤，彷徨于街头，边走边咏出诗一篇……在这般不足以为人道的幼稚文学书生般的情况下，要他答应接下创作余谈这个题目，模仿那些大作家呕心沥血的写作过程，实在是学不来呀。

就算对方觉得可以，我也会回答说，我不会写。就算勉强自己也会这么说。我顽固地相信着文坛的常识非打破不可。常识是好东西，一定得遵守。只是常识每十年便有飞跃性地变动。我想，关于人世诸相的把握，当推崇黑格尔[1]老师。

其实，这名作者还想举马克思、恩格斯两位大师，不，还有列宁先生，但因为他本来就是对言行一致的原则有着奇妙坚持的人，不对，不能这么说，这作者本来就是对悲惨有兴趣的家伙，对于安心立命的境况，若不以崩坏为前提，啊呀，之后该怎么形容，就由读者诸公，有心者自己接下去吧。

作者就是这样的散漫、狡诈。不论你怎么做都拿他没办法。很可恨吧？

其实也没什么好恨的，我只是以一种最适合这个世界的表现来对诸兄言说。我爱现在这样的现实——弄假成真的现实。

懂了吧？是不是让您感到不快了呢？

您必定发现我本身的存在就是一种不快，而您也无能为力。

---

① Georg Wilhelm Friedrich Hegel（1770—1831），德国哲学家，德国古典唯心主义的集大成者。

批评，从自身的软弱而起；鼓舞，从自身的坚强出发，即使丢脸也没关系。

我想读读不自我辩解的文章。

作者通常都是虚张声势的家伙，明明是自己呕心沥血的作品，却还要假装并夸示非苦心力作。

如果我说我的第一本短篇集，两百四十一页的《晚年》只花三天就写成，诸兄会有什么反应？又或者，我一本正经又俯首低眉地说那可是我花上整整十年才写出来的，诸兄又会如何看待？请给我一个明确的态度，究竟会觉得是天才带来的奇迹还是犬马之徒劳？

不好意思，我自己认为，讲难听点不过是拾人牙慧，流着汗好不容易才写成的两百多页，其实也说不上是我凭一己之力完成，是数十位先贤以智慧之手带领我从头一步步走来，才勉勉强强地在我发抖的手中完成的。

有趣吧？

玩笑好像有点开过头了。我现在正在书桌前正襟危坐，绷着脸写作这篇文章。为了这篇文章，我花了三天三夜苦思关于世间的常识这一回事。“我们根本是下一个时代的作家”，非这么认为不可。一定得朝这个方向努力，我的心意才能通向诸兄。

我最近，正在读大仲马的作品。

《日本学艺新闻》 昭和十二年十二月

## 关于《晚年》（一）

我为了写作这本短篇小说集，奉上十个年头。整整十年，我无法与一般人一样带着愉快的心情吃顿早餐。我为了这一本书，流离失所，自尊心不断地受伤害，遭受世间的寒风吹袭，一路颠簸而行，浪费了数万元的金钱，如同一家之长兄般低头苦干，费尽唇舌，耗尽心力，致使己身遭受无可恢复的损害，撕破了百余篇的小说、约五万张稿纸，这样含辛茹苦最后留下来的只有这些——就这些，近六百张稿纸，稿费总共六十多元。

然而，我相信，这本短篇集《晚年》将在年年岁岁中愈加浓烈，渗透你的眼，深入你的心。我是为了创作这一本书而诞生的，从今以后的我将是一具“死尸”，我开始度过我的余生。要是我之后又多活了些时间，不得已又再出了短篇集，我想我会为那本书取名为《歌留多》。歌留多原本是游戏的名字，而且还是纸牌游戏。要是非常好笑的我又继续活下去，还出第三本短篇集的话，我必定为其取名《审判》，已经对所有游戏无感的我，除了喃喃地写作毫无生气的自传外，别无选择。这座名为“审判”的灯台会以与死无异的严肃口吻告诉你：“旅人啊！快避开此路绕行，这无疑是条无益之路。”

然而今晚的我，并不想要活那么久，与其污蔑我的英名，不如在我身上绑个锚丢下水。

然而，你若可以反复翻阅捧读这本《晚年》直至双手沾满墨水黑得发亮，啊啊，那真是我最幸福的一刻啊。一个人在其一生之中不知能够得到几次这种至高无上的幸福时刻？跑百米所需的十秒一甚至更少！

有人说：“胡说！如果出版是不幸的，那放弃不做不就得了？”我的回答会是：“我是世上独一无二的美丽之物，如同美第奇的维纳斯像。为了证明世上真正之美者，才存留于这个世界的出版物也。看哪！我像是维纳斯像出卖情色般感到羞耻。这是我不幸的开始。此外，她不论春夏秋冬时常裸体，却又无言且微微畏寒的神情（美人薄命），那正是她以那高雅的眼神控诉着上天冷酷至极的嫉妒之鞭。”

《文艺杂志》 昭和十一年一月

# 关于《晚年》（二）

《晚年》是我的第一本小说集。我以为这会是我唯一的遗作，因而取名为《晚年》。有两三篇读来还颇为有趣的，有空时请拿来看看。读我的小说，你的生活并不会变得比较轻松，它一点也不伟大，什么都不是，所以我不会大力推荐。

《回忆》这篇读来还蛮有趣的，你一定会边看边大笑，这样就够了。罗马式艺术等等不也是充满矛盾，而我的小说也一样乱七八糟，所以我不会大力推荐。

下次该不该写本不知所云但是有趣的长篇小说呢？现今的小说没有一本好看的吧。温柔、悲惨、怪异、清高，除此之外还需要什么？

那些读来无趣的小说是烂小说。没有什么可怕的，无趣的小说断然拒绝就对了。

大家都好无趣哦。努力想要取悦读者却一点也不有趣的小说，是不是更让你想死？

这种说法有多么讨人厌，我自己心知肚明，大概是这样才老是被人当作白痴吧。

但是我不能老是这样任性妄为。真是太不可取。事到如今我已不想再跟你说什么了。

激情到极致的人会是什么表情呢？无表情。我戴着微笑的能面[①]。不，是变成了残忍的角鸱[②]，再也没有什么好怕的，我不过是终于认清了这个世界。

您读《晚年》了吗？美感不是别人可以给的，得靠自己独自发现。能否在《晚年》之中发现美，是您的自由，是读者的黄金权利。所以我不会大力推荐。不懂的家伙，就算痛殴他一顿，无论如何也不会明白的。

我要在此告一段落。我刚开始写一本十分有趣的小说，中途被拉来对谈。请见谅。

① 日本传统戏剧“能剧”的面具，通常以桧木制成。

② 特指头上有角状羽束的角鸮属猫头鹰。

《文笔》 昭和十三年二月

## 进一步退两步

这应该不只是在日本，也不只是文学如此。比起作品的有趣与否，人们更在意的是创作者的态度。该作家的个性、弱点，若不先弄清楚便无法进一步理解。作品无法是一个独立的个体，离开创作者后，作品不署明是谁所作的将无法自立。读着《三姊妹》的故事时，无法不去意识到在这三名年轻女子的背后，契诃夫微微苦笑的神情。这种鉴赏方式实在是显示了读者的聪明与锐眼。你们的眼力足以穿透纸张，实在厉害，了不起！然而是锐利也好，不近人情也罢，您不得不知那都是多么简化通俗的概念。

可怜的作家，早已变得无法放肆大笑，作品被当作精神修养的教科书并不是件容易的事。就算说的是猥琐之事，只要叙述者一脸严肃，就会被认为是谈论严肃之事。如果是笑谈严肃之事，也会因为是在笑谈之中，而被认为是愚蠢的谎言，真是太可笑。我曾在半夜经过警哨被拦下，因为不耐烦他们问东问西，稍微放大了音量，以军队式的用语报上身份，竟然被称赞我态度良好。作家越来越绑手绑脚，因为一切以眼光锐利可透纸的读者为中心，什么都做不成，最后只有过度紧张，正襟危坐在书桌前动弹不得，无限地奉行沉默是金的格言。会出现这样的作家也无须意外。

人们只要求作家要谦逊，使得作家诚惶诚恐谦虚到卑躬屈膝的程度，把读者奉为主人，将自己的私生活摊开到无可再摊。不好意思，我贱卖的是作品，不用连作家的灵魂都拿出来兜售，我才想要求读者谦让一点呢！

作家与读者有必要重新拟定“割地协议”。

最高级的读书方法是率直地阅读森鸥外[①]、纪德[②]、尾崎一雄，并得到适切的乐趣，读完后若无

---

① 森鸥外（1862—1922），日本小说家、翻译家、文学评论家。所著小说《舞姬》是日本浪漫主义文学初期代表作之一。

② André Gide（1869—1951），法国作家，1947年诺贝尔文学奖得主。

其事地将书拿到旧书店去换本黑岩泪香[1]的《死美人》回来，再次以热切的心耽读其中。要读什么是读者的权利，而非义务，所以这一切应该自由地进行。

---

① 黑岩泪香（1862—1920），明治时代的思想家、作家、记者。

《文笔》 昭和十三年八月

# 郁屈祸

这家报纸（《帝大新闻》）的编辑一定不知道我的小说一直都是失败的作品，且推测我可能还能继续写，因此才会同情我这样一个自暴自弃、跟不上时代的糟糕作家，而要我写篇文章谈谈文学之敌。“这么说也许有点太夸张，但能否请您就最近的文学中令您觉得是个毒瘤，或是类似的人事物发表些意见？”

为了回报编辑对我的同情之心，我不得不直接就我所想写出一篇文章。

我是这么说的：“我拼命地拥抱我的仇人，怀着想要令他窒息而死的用心。”这好像是一句有名的诗句，然而浅学的我并不知它是出自谁之口，总之一定是个无耻的恶文学者所创的诗句。纪德曾引用过。纪德本身似乎也是名罪大恶极的男子，不论经过多久的时间，他都是位败德者。纪德在这句诗之后加上他自己的意见，简言之便是：“艺术通常是一种拘束的结果。若相信艺术是自由的，还能如此升腾，就等同于相信阻碍风筝升起的是那条细线一样。康德的鸽子[1]也认为当阻碍自己的翅膀的空气也消失了，就能飞得更高更远，那是因为它不知道为了飞翔，它得要借助这个足以撑起它翅膀重量的空气阻力。同样地，为了让艺术能够更上一层楼，还是得要有某种程度的抵抗才行。”这么幼稚的论述，很快就下结论，多少有些强迫的意味。

不过耐着性子理解他所说的话，会发现其实纪德的艺术评论是好的，我甚至认为是世界上数一数二的，但他的小说就有点逊色。想要说的事情太多，就什么都说不好。他还继续这么说：“所谓的大艺术家，是被束缚所鼓舞，以障碍作为台阶的人。据说，米开朗琪罗是因为大理石的不足

① 康德在其三大批判著作之一的《纯粹理性批判》序文中曾说过：“一只轻捷的鸽子在空气中自由飞旋时，就会开始想象在真空里能更加轻盈地飞翔。”

才想出‘摩西像’[①]的姿势；埃斯库罗斯[②]因为在舞台上能够同时发出的声音数量有限，才会创造出被锁在高加索山上的普罗米修斯之沉默[③]；希腊人将在琴上多加一根弦的人放逐。艺术是产自拘束，生于斗争，死在自由之中。”一副自信满满、单纯地断言的样子，让人不得不信服。

我隔壁的邻居从早到晚都开着收音机，吵到我怀疑我的小说无法顺利进行都是他害的。然而我错了，这样的噪音障碍正是成就我艺术之名的基石。收音机的噪音绝不会毒害文学，过去我曾将它视为文学之敌，但仔细想想，这一切都是催生

① 《摩西像》是米开朗琪罗创作于公元1513—1516年的作品，现位于罗马梵蒂冈圣彼得大教堂中。当时米开朗琪罗是受托于罗马教宗朱利尔斯二世建造陵寝，做到一半计划遭教宗搁置，使得米开朗琪罗欠下巨额的石材费用。后人分析《摩西像》愤怒的眼神、紧绷的肌肉等等都透露出米开朗琪罗当时的情绪与感受。

② Aeschylus（公元前525年—公元前456年），古希腊悲剧诗人，有“悲剧之父”的美称。

③ 此指埃斯库罗斯取材自希腊神话所创作的经典三连剧《普罗米修斯》。

艺术，使得它成长、升华，值得感恩的母体。多么令人悲哀啊，那些不平之事已渐渐无法再提起。我虽是一介贫困的恶作家，仍想走在第一流的道路上，以成为大艺术家为目标，只是模仿也无所谓，我想要怀着这样的心愿。所谓的大艺术家是被束缚所鼓舞，以障碍为踏板的人，大前辈纪德如此谆谆教诲，你我都想成为“听话的好孩子”，一脸骄傲地点头答应，但才刚要起而行时可笑的事情就发生了。我们变得非常有礼貌，对于殴打、捆绑我们的人，一一道谢说：“谢谢您的鼓舞，成就我的艺术。”就算被人用木屐砸在脸上也要把那木屐捡起收在锦囊中，早晚恭敬地礼拜，感谢它帮助我们出人头地，当我在戏剧里看到这个桥段时，不禁感到荒谬至极而大笑出声，但又觉得这确实有道理啊。要变成大艺术家，真是一件无聊的事，一番嘲弄之后，就连纪德说过的绝妙好词都变成诽谤，但纪德的话也是一种结果论，是后世，旁观者说的话。

即使是米开朗琪罗，当时也为了大理石的不

足而悲愤痛叹，抱怨连连后才创作出《摩西像》，是因为米开朗琪罗这样举世无双的天才，才有能力弥补大理石不足而成功造出旷世巨作，像我们这样的不才，就算被殴打还欣然接受，根本不会留下什么创作，徒然走过一世。

不平就该大声说出来，面对敌人不该轻易原谅。纪德也说："艺术是生于斗争。"你问我敌人是谁？啊，才不是什么收音机，也不是什么稿费或评论家。古有明训："心中的敌人才是最可怕的。"我的小说至今还写得如此拙劣不堪，是由我的心中还是一片混浊所致。

《帝国大学新闻》 昭和十五年二月

# 织田君之死

织田君[①]一直透露着死亡的气息。我仔细读过织田君的两篇短篇小说后，只见过他两次，而且第一次认识是在一个月之前，彼此的往来并不深刻。

然而我认为没有人比我更深刻地理解织田君的悲哀。

第一次与他在银座碰面时，我感觉非常难过，怎么会有一个这么悲伤的男人，因为我眼中看到在他的前方，除了死亡之墙外，别无其他。

这家伙，带着死亡的气息，然而我却无能为力，我站在前辈的立场给的忠告只是可恶的伪善。我所能做的，除了看着他以外，别无他法。

他是个带着死亡气息速速写作的男人。他让

① 织田作之助（1913—1947），小说家，代表作为《夫妇善哉》，1947年1月死于肺结核。一般将他看作“无赖派”的领袖作家，有“东太宰、西织田”之誉，但他自称为彻底的现实主义者。

我觉得这个时代当然要有更多更多这样的人，然而意外地，在这个无聊的人世中我找不到。

这世界上的大人们，你们或许认为织田君是死于不自重，高高在上地对此表达批评，请你们不要再如此恬不知耻了！

我从昨天读到的辰野氏写的一篇塞南柯尔[①]的介绍文章之中引用了一句话：“人们说，放弃生存而逃离是一种罪恶，然而那些禁止我死去的诡辩家不时将我暴露在死亡之前，逼我赴死。他们想出的各式革新让我周围满布死亡的机会，他们说的事情引导我走向死亡，他们制定的法律也将死亡赠予我。”

杀死织田君的不正是你们吗？

他这样突然死去，是他最后为自己写下的哀伤的抗议诗。

织田君，你干得好！

---

① Étienne Pivert de Senancour（1770—1846），法国作家、思想家。

《东京新闻》 昭和二十二年一月

# 小说的趣味

小说这东西，本来是女人和孩子们读的，换句话说它不是英明的大人该耽读，且读完还须拍桌辩论读后感的东西。那些说读小说该要正经严肃又低头谦虚的人，如果是开玩笑的话其实并不好笑，若是认真这样认为的话，那我就不得不把他当作一个疯子来看待。

比方说，在家里太太读了小说，准备要出门上班正在镜子前打着领带的丈夫问起："最近有没有什么有趣的小说？"妻子回答："海明威的《战地钟声》挺好看的。"丈夫一边系着背心的扣子，一边心不在焉地问是什么样的故事内容，妻子便一头热地将小说的情节娓娓道来，还为自己叙述的这篇故事感动落泪。丈夫穿好上衣，说了一句："嗯，还蛮有趣的。"接着就出门上班了。晚上出席某处的沙龙时提起最近的小说，也只能聊两句海明威的《战地钟声》了。

所谓的小说就是这样无聊的东西，若是要拿来骗女人是很成功的。要骗这些女人可以有各种手法，或是假装严谨，或是称赞其美貌，或是谎称是名门出身，或是卖弄学识，或是不知羞耻地将家丑外扬，如此一来，即使你欺骗妇女同情心的意图如司马昭之心，总还是有一些称为评论家的笨蛋可以为你吹捧一番，而你也能因此挣到一口饭吃，也不算什么坏差事。

最后我得先声明，从前有个叫泷泽马琴[①]的人，他写的东西一点也不有趣，然而他几乎用尽一生所写的《南总里见八犬传》序文中有一句话说，如果（自己的文章）可以为妇人们带来一点乐趣，那便是他的福气。就这样，他为了要为妇人们带来一点乐趣，弄得自己的眼都瞎了，即使如此，他仍执笔不辍，继续以口述的方式留下笔记，不觉得他真是太蠢了吗？

---

① 又名曲亭马琴（1767—1848），日本江户时代后期的读本作家，一生几乎都以写稿为生，被认为是日本最早的全职作家。代表作为《南总里见八犬传》，耗费28年才写作完成。

虽然只是随口聊聊，不知从何时起，我总是在失眠夜里读一位名为藤村的人的作品，直到天明全部读尽后才睡去，将那本厚重的书从我枕头下拿走后，我睡得好沉还做了梦，一个跟作品一点关系都没有的梦。之后我问别人，才知他为了写那部作品花了十年的时间。

《个性》 昭和二十三年三月

# 第三章

# 关于我

我的人生一路走来充满羞耻。

——《人间失格》

不断地被嘲笑，让我变强。

——*HUMAN LOST*

不断地被憎恨，让我变强。

——《懒惰的歌留多》

## 所罗门王与贱民

我出生时就是人生的高峰。先父是贵族院议员，他用牛奶洗脸。他的儿子过得一天不如一天，需要靠写文章挣钱。

因此我可以理解所罗门王无尽的忧愁以及贱民的肮脏。

《东京日日新闻》 昭和十年十二月

## 颓废之子、自然之子

太宰治很简单，只要称赞他就可以了。“太宰治，你这样很自然。”以上三项是为了明天住院的准备。这次住院将影响我的一生。

《日本浪漫派》 昭和十一年三月

## 我唯一的恐惧

仔细想想，我们光是可以这样写文章，可说是一种幸福——大错特错！

《日本浪漫派》 昭和十一年一月

# Confiteor / 认罪

去年底，连续发生了三件让我无法忍受的事情。我就如同字面上所形容的“火烧屁股”，冲出家门，一路行经汤河原、箱根，来到箱根山脚下时，已耗尽旅费，但我仍决意要继续走到小田原。路的两旁是蜜柑园，数十辆汽车从我身边超越而去。我连抬头仰望四周群山都不可得，像只野兽般伏面而行，自然的严峻逼得我就要窒息。我像张卫生纸般被蹂躏后，“砰”的一下被丢弃 。

这趟旅行对我而言是一帖良药。我想要看看人类力量的成果，出门旅行的一个月里，我将手上的书一本接一本地重新读过，一点也不夸张，不管是这本还是那本，我都读不完十页。我生来第一次体验到想要向天祈祷的心情：“拜托赐给我好书吧，拜托赐给我好书吧！”然而却未能碰上一本优良读物，甚至有两三本小说激怒了我。只有内村鉴三[1]的随笔在我枕边待了一周未消失，我想从他的随笔集中引用几句话，还是不行，我觉得整本书都得拿来引用,这是本可与“自然”匹敌，令人敬畏的书。

我得坦白我被这本书牵着鼻子走，其中一点是他帮我说出对“托尔斯泰之圣经”的反感，至此它成为我信仰内村鉴三的一本书。现在的我，只能像只虫子般沉默。我一步踏进信仰的世界里，我是这样的男子，不能更美好，也不会再更卑劣。哎,难以言喻,对饶舌的困惑。一项项都如你所说。现在沉默已来不及了。如此一来，我相信我来到这个国家，是上天的安排（出自谎言的真诚，出于自暴自弃的信仰）。

在这日本浪漫派的一周年纪念号里，我不再伪装，一切坦白而言。如果这样还行不通的话，我只能走上死亡一途。

---

① 内村鉴三（1861—1930），日本作家、基督徒、传教士，以及明治时代及大正时代的无教会主义创始人。其写作的专栏广受欢迎。

《日本浪漫派》 昭和十一年三月

# 一日之劳苦

一月二十二日。

本来想写一篇名为《日日之告白》的文章，突然脑中浮现“一天的难处一天当”，于是决定直接改成《一日之劳苦》。

我过着理所当然的日子，没有什么特别值得一书的事情。没有一名演员离开舞台仍能存在，那实在是太可笑了。

最近我愈来愈自溺于自己的苦恼之中，无法停止自嘲，这是有生以来第一次，明确而客观地理解自己的才能，发现过去我太小看自身所拥有的知识。像我这样一名男子，竟然一直被晾在一旁实在太浪费，我开始认真地这么认为。平生第一次知道“自爱”这两个字的真意，自私自利这个词，就此烟消云散。

只剩下单纯，这样的单纯并不简单；只剩下耿直，这也不简单。可以这么说，值得庆祝，这也不简单。

这名不简单的男子，突然振作，却什么也不是。没有什么该做的事,没有什么是他插得了手的，只能苦笑 。

放弃发表作品而去从事其他工作，并不是因为作家为人太好，而是比恶魔还可怕的事。

尽说些无聊事。对访客感到厌倦，开始下起逐客令。无法阻止，他应该已经做好孤独的觉悟。反正本来就很孤独了吧，这也没办法。先前脑中构想的长篇小说差不多该着手开始写了。

讨人厌的男人。但我不能害怕被人厌恶，我得让自己的不讨喜开出一朵花。过去，解放与反抗是作家修行的第一步，严重的洁癖是必要的。人们也曾对完整与秩序感到憧憬，艺术因此而枯萎。象征主义是枯死前一瞬的美丽花朵。一群志同道合的家伙一起在这神坛前殉道，虽然慢了一步，但我也将冻死在这个神坛之下。我本来打算要死的，这个硬脖子的北方草包口里一边喃喃自语地站起身来大笑，想起来一件丢脸的事。

这草包十分困惑，一时冲动地想死，却完全做不到，他感到痛苦。他想起了一件没有人知道，令他痛苦万分的事，是这个烦恼救了他。

我发现了我的稚嫩。当我意识到这件事时，一个人流着泪大笑。

以亲和代替排他；以自我肯定代替反省；以革命代替绝望。一切都急剧翻转，我是个单纯的男人。

浪漫的完成或所谓浪漫的秩序，这种概念解救了我们。对于那些讨厌的憎恨的东西，我们小心地整理然后努力一一排除，在做这些事情的同时，日子也就一天天过去。我们不可羡慕希腊，很明显那样的世界不会再重来，我们不得不放弃，不得不割舍。啊啊，古典的完成，古典的秩序，我对于你执着于死的念头表示尊敬。然后,这么说。再见了。

从前，在《古事记》[1]时代，作者即故事中的

---

① 日本最早的历史书籍，元明天皇命太安万侣编纂而成。

人物。在那里，没有任何的执着，日记本身就是小说，是评论，是诗。

在大众小说的洪水之中生长的我们，只要继续这样走下去就对了。一日之劳苦就是一日的收获。“不要为生命忧虑。你们看那天上的飞鸟，也不种、也不收、也不积蓄在仓里。”

真是一笔入魂又高潮迭起，只能瞠目结舌。没有性格，没关系；卑屈，没关系；女性化，也无妨；想报仇，很好；轻佻，更好。怠惰，很好；怪人，很好；妖怪，很好。对于古典的秩序有憧憬或是诀别之类的，全都一肩扛起，就这么走下去。在这里可以生长，这里有发展的路 。称得上是浪漫的完成，浪漫的秩序。这是全新的。就算被压上枷锁，也可以戴着枷锁往前走；就算被钉上十字架，也可以背着十字架向前行；就算是被关在牢笼里，无法突破牢笼，也还是可以在里面行走。不要笑，除此之外，我们已愈来愈难找到生存之道，就算现在还能笑得出来，以后有一天你会想着究竟要当个失败的奴隶还是死了比较好。

忘了说，这是一种观念、一种觉悟，日常坐卧之间就应该要保持头脑清晰、深刻用心才行。

因为你很会引导问题而导致我说出重要的事情，这样不行，多少让我感到不开心。

我问你，只会说些虚无缥缈话语的人，他的细腻用心，你懂吗？

我非常不开心。为了努力让你多少能明白些，我发觉我自身的焦虑，原来我这么不高兴。我对于自身的孤独所陷入的危机感到不开心。这么一来，一边自己说是浪漫的完成，十分奇怪。下一瞬一声响起，这奇怪的感觉也被囊括进去，可称得上是浪漫的完成。

我是艺术爱好者,好奇心十足。生活即是作品。乱无章法。我写的东西，不论何种形式，一定都有我最直接的情感存在其中。这份安心其实也没什么了不起的，就是直截了当的形式，我自己都放弃了，不管怎样都不打算有任何改变。

说个笑话给你听吧。不好意思大声说，我最近,有点过胖了。生活过得太安逸,身体过于壮硕,悄悄地嘌了声。也许能算是一种大器晚成吧。有位朋友称赞我的演技可媲美铜像。但没有合适的舞台，所有的舞台都已被踏破，不如我们换到户外剧场去吧。

说到演员，彦三郎等人可以让客人捧腹大笑，然后再小声地在你耳边说道："撒旦一个人啜泣。"这个男人，没办法靠演戏吃饭。

作家应该写大众小说。

《新潮》 昭和十三年三月

## 答案落第

“请就小说《修业》说说您的想法”，这个题目使我困惑。那感觉就像是在应征工作时接受的考试中出了小学生的算术题——不论是计算圆面积的公式还是鸡兔同笼的应用问题，其实非常简单，只要用代数就可以解开——但仍让我狼狈不堪，这类不免令人叹息的状态也有点相似。

对于这种种复杂的疑惧，我感到有些羞耻。

就像是站上起跑线，大会还未鸣枪我就已飞奔而出，听不见裁判的制止声就这么拼命地向前冲刺跑完百米，得意扬扬地朝终点线奋力冲去，等待着一群相机的闪光灯打来，我已准备好要微笑以对了，这才发现状况不对劲，没有一声喝彩，满场的人全都满怀同情地看着这名选手，他这才注意到自己的失败，然而不管再怎么羞惭苦恼，都已经于事无补。

而后我再次有气无力地回到原点，全身早已

疲惫不堪，一边吞吐着慌乱的气息，一边重新站上起跑线。且因先前的偷跑而被处罚，我得退到其他选手一米之后的地方开始，裁判冷酷的声音响起："预备！"再次出发。

我搞错了，原来这场比赛并不是跑百米，而是一千米、五千米，不，是更长的马拉松赛跑。

我想赢。不计形象用尽全力地跑得上气不接下气，因为我是选手，单纯是为了胜利而存在的选手。有没有哪位高尚之士可以声援一下这名没有胜算的选手？

大约几天前，我为我的生涯划上句点。我以为我会死，我是如此相信，相信这是我的宿命，必须如此。我冒犯了神明，预言自己的生涯。

以为我会死的，不只我自己，医生也这么认为，我的家人朋友也如此。然而我却没有死。我一定是受到上天的眷顾，未能得到我所祈望的死亡，反而被赐予现世沉重的苦痛。我极端肥胖，并不是胖得可爱的那种，不过是又矮又肥，壮硕又丑陋的三十岁男子。神将这名男子投入世间的嘲笑、批评、警戒、否定、蹂躏、轻蔑的火焰之中。男子在火焰中痛苦挣扎，他想，苦痛的叫声只会助长世间对他的嘲笑而已吧，所以他不愿露出任何表情，于是就像这样，像只虫般扭捏。可怕的是，男子日益坚强，变得更加不讨喜。

认真，他异常认真，并再次站上起跑点。这名选手觉得自己会赢，因为比的是马拉松，如果是一两百米的短距离竞赛，这名选手完全没有胜算，他的脚步太沉重。你看，那笨重的模样根本像只牛。

但事情说变就变。若是五十米竞赛，这个世纪没有人可以破他的纪录。他的粉丝纷纷这么窸窸窣窣地说着，选手自身也悄悄地默认着。这名叫作太宰治、机敏如隼的年轻作家能否再次浴火重生呢？然而我们只见此人头脑不清楚，文章写得糟，又没有学问，什么都不懂，要说摆着好看，他长得又丑，唯一可取之处只有身体健壮而已。

也许，会意外地长寿。

这些蠢话若要继续下去是说也说不完，有没

有什么有建设性的事情可以说说呢？然而要怎么说才知道有没有建设性呢？从前有人发明发电机而为人类带来进步，一名贵妇人问他："可是博士，发了电之后做什么呢？"博士感到非常困扰，回问她："这位太太，对于你刚生下来的小婴儿，你又做了什么有建设性的事情呢？"他说完便逃走了。几千年前的地球上有着什么样的动物，一亿年之中，这个世界如何变化，这些话题有没有建设性呢？我认为是有的。

虚荣心，不要小看它的强韧，虚荣是无所不在。在僧房里、在牢狱之中、连墓地里都存在着。我们不能对它视而不见，该直接面对它，与自身的虚荣心对话，我从没想过要对人责难其虚荣，只是我会将自己的虚荣放在镜子前面仔细照看，看完的结果无须向人提起，没有必要去说。但是有必要将它放在前后对照的镜子之前，一旦看了，会引人深思，让人变得谦逊，甚至开始思考起关于神的问题。

我再说一次，我并不觉得虚荣不好，它有时

会与生存欲结合，与高度的现实结合，甚至与爱情结合。我只是觉得有很多思想家嘴上说着信仰、宗教，却不愿去触碰眼前现世的虚荣，真是太不可思议了。只有帕斯卡尔[①]多少提了些。

虚荣心是显而易见的，令人怀念的，那样令人无言的。

全程马拉松好漫长。现在我想要解决所有问题，慢慢地整理，一天一天，至少不后悔地好好过日子。幸福也许再过三年后总是会来到的。就这样吧。

---

① Blaise Pascal（1623—1662），法国神学家、宗教哲学家、数学家、物理学家、化学家、音乐家、教育家、气象学家。

《月刊文章》 昭和十三年七月

# 正直的男人

老实说吧。今后我打算要写的小说或是过去所写的小说，其实我是不怎么愿意去提及写这些小说的意图、期望或是苦心。并不是因为我的傲慢。我试着写，但若对方不能接受，我也拿他没办法。对于之后想写的小说，我再怎么热烈地谈论着我的想法，现下也写不出什么优秀的杰作，这点我很明白。现在的我自知作为一名作家有多少力量，现在首当其要的应该是要更坦率些。我听到很多作家天真地述说着不知天高地厚的抱负时，我好羡慕他们，同时也无来由地对于活着这件事感到痛苦。你懂那感觉吗？但是我绝对不是在否定这些作家。

吃药之前我一定会先仔细地读过随药附带的使用说明书，就连以英文标示的部分我都会以我的破英文解读，这样一来才能安心微笑地服用这有效的（它是这么写的）药物，并认为药效立即发挥而感到满足，虽然是心理作用。没有附说明书的药品就像是没有弦的小提琴般让人感到无限地不安。究竟为何没有说明书就不行呢?

然而艺术能不能说是一种药，我有些疑惑。请想想具有疗效的气泡水，想想如果人家说交响乐对胃的健康有帮助，或是说赏樱可以治好积脓症等等，并没有吧。我甚至这么想，那些希望艺术能够附上说明书，说明其意义或利益的人，反而是对于自己活在这世上没有自信的病弱者。你看看那些活得很好的专业人士或是军人现在不正能纯粹而随意地享受艺术、享受美吗?

“你不觉得大仲马很有趣吗? 波特莱尔的诗是不是很与众不同呢? 我最近读了点一个名叫显尼志勒[①]的人写的短篇，他写得可好了。”能够这样一心无挂碍地享受文学的人，根本不需要什么说明书。需要说明书这种令人安心的东西只是显示了你们（请见谅）是病弱者，请振作。

---

① Arthur Schnitzler（1862—1931），奥地利作者、医生。

我也许不是个亲切的医生，我从来没有说过我的作品是杰作，或是糟糕的作品，因为我自知，它们既不是杰作也称不上糟糕，也许还算不错，但是至今我尚未写出一篇杰作，这是事实。前阵子我与一位前辈聊天，谈到何不将积藏在我胸中的想法一口气吐出来，至少写成一部自己可接受的作品呢？但如果我有自信可以办到的话，为何现在还会像只老鼠般四处游荡，为何不能够一身富态，堂堂正正走在银座的街道、议事堂前、帝国大学的校园里，表示现在的我还办不到吧。听我这番说辞，这位前辈淡淡地说了句："原来如此，等到有天别人问到你的代表作是什么，你可以谨慎地回答说是《樱桃园》《三姊妹》之流的作品时，那就太好了。"

《帝国大学新闻》 昭和十四年五月

# 困惑之辩

我接到杂志《悬赏界》的邀稿，老实说，我多少有些困扰。我无法立即回信答应，并不是因为我的骄傲作祟，而是完全相反的理由。我并不认为这本杂志特别低俗。要说低俗，每本杂志都一样，而在里面发表的作品也都不入流，我是比他们更低下的作家，没有资格嘲笑他人。每个人都有其生存的辛苦，我们只能予以尊重。

我的困惑在别的地方，在于我并不是什么特别有才华者。编辑寄了这本杂志的八月上旬号、九月下旬号、十月下旬号三册给我，翻阅之后我发现这本杂志的读者全都是有志想从事文学的人。当人怀有这种心态时就会像是仰望天空般，怀有高洁的希望。但这样的希望并不会具体地让人写出不欺人不自欺的作品，只是一种想要一举成名天下知的野心，这也是理所当然、无可厚非的事。平时受尽同事的轻蔑，让兄弟手足担忧，甚至连妻子情人都不相信自己，只好发愤图强，从前不也是有个名叫拜伦的人，一日醒来就闻名于世吗？所以会想要奋力一搏也是人之常情。想到此，他便忍不住兴奋冲去书店，首先拿起这本杂志（《悬赏界》）翻开一看，有个叫太宰的名不见经传的家伙，一副了不起的样子在此发表文章，他其实有些失望。

此人的脑海里有的是夏目漱石、森鸥外、尾崎红叶、德富芦花以及日前刚获得文化勋章的幸田露伴①。对这些文豪以外的人都没有兴趣，这也是当然的。此人对于文豪以外的人不感兴趣的态度完全是正确的，我希望他能继续保有这样的想法。错的是在这本杂志里，以一副了不起的样子写着文章叫太宰的家伙。

一点也不有名。这本杂志的读者全都是跃跃欲试并且希望能够一举成名的怀有青云之志的人。他们没有一丝一毫的卑屈，抬头挺胸，俯仰无愧。

---

① 幸田露伴（1867—1947），日本小说家、汉学家。

未受过一点伤，没有一丝污染，这样的人怎么能接受太宰这名写一手烂文章的作家，他沙哑呓语究竟能被听懂几分？我困惑的点在此。

我至今未曾写出什么好小说，全都是在模仿别人，没有什么学问，才三十一岁，乳臭未干。若有人说我不懂世间人情我也无可反驳。我什么都没有，没有什么是足以夸口的，只有一项，如芥子般大的自尊，也因此让我成为一个十足的笨蛋，只会做些完全无用的，无济于事的苦工，这也是我这十年来一路自讨苦吃的缘由。仔细想想，这对于未来想要成为文豪的读者诸君而言一点用处也没有。那些徒劳无功的事，能避就避吧。当然没有人能够完美处理所有事，然而我头脑特别差却又不知天高地厚地自恋，人家越是阻止，我越想证明这没问题，越要逞匹夫之勇，明明不谙水性又要往深潭跳去，马上就溺水，令人目不忍视。

这么愚蠢的作家，对于未来有志成为下一个鸥外、漱石的此杂志读者，究竟该说些什么好呢？我实在太困惑。

我反而是在恶名昭彰的作者中还算有名的。大家似乎对我有太多误解，但我想这也是拙稚所致。实在是太难了，我现在还打算一直做下去，即使头脑不好，一时之间也找不到解决方法，也只有笨拙地慢慢摸索，小心翼翼地向前走，别无他法。希望我能活得够久。

由于我的情况如此，所以没有什么话该向诸君说。只有一项，如前所提，芥子般大小的自尊，现在我甚至也想将它消灭。徒劳一点也不值得拿来夸口。然而我仅存的一丝想法要我不能不坦言，至今我都执着于自己愚蠢的徒劳，如果一定要我说的话，大概只有这项。我就是因为这些愚蠢的徒劳，才会至今一事无成，希望诸君可以引以为戒，不要学习我的愚蠢，我想这最消极无力的忠告是我唯一能做的事。我的用意不是要作为灯塔照亮黑暗却不夸自己的功劳，而是忠告各位此处危险不要靠近。

有两三名学生不时到我住处来找我，每次都让我感到同样的困惑。他们当然没读过我的小说，怀抱着青云之志的他们根本不把我的小说放在眼里。我想他们若有空读我的小说，还不如去看看国外一流作家的作品或是日本古典名作，崇拜的对象当然是标准越高越好。既然他们那样轻蔑我的小说，又为何要来找我呢？因为看到我就能安心，除了这个理由之外，我想不到别的可能 。才拉开玄关的门，就会看到我坐在那里，因为我家很小。

他们是特地为我而来，我想没有人会心怀恶意，特地跑到这遥远的乡下来。为了要报答他们对我的知遇之恩，我开门请他们进来。我一点都不了不起，所以我实在无法赶客人出家门。我也不是忙得不可开交的人，要以忙碌谢绝来客我是永远说不出口的。

日本还有很多比我更伟大的作家，请去他们那里，一定可以学到很多了不起的事，我记得有一次我很认真地跟其中一名学生这么说，这名学生不好意思地笑了，还老实地说，我们去了也不会被接见吧。我想应该不至于吧，如果对方真的不愿意出来见面，那就带着饭团在他家门口守着，一夜、两夜都好，要是真的那么尊敬这个人，就算做出这么冒犯的行动也未必是坏事。我再次认真地告诉学生，他们大声笑了出来，说在日本作家之中并没有一个人可以让他们尊敬到这种程度，如果是要拜歌德或达·芬奇为师，做点牺牲是没问题的，边说还边拿起桌上的甜点一口吞下。青春无垢之时，就是要有这样的鸿鹄之志。我对这些学生已经没有什么可以传授的了，我被他们瞧不起，然而他们的轻蔑是对的，我又穷又懒，又只会写些不怎么样的小说，被他们看不起也是应该的。

你觉得痛苦吗？我问我这无邪的访客。啊，痛苦啊，他先伸手拿了一颗甜馒头吞了之后回答。怎么可能不痛苦呢，青春是人生的精华，同时也是焦躁孤独的地狱，不知所措。怎么可能不痛苦。

原来如此，我点头同意，就是因为心中苦闷多到要满出来，才会来找我吧。“说不定太宰治意外地能说出点有用的话。”“哎，算了，那家伙应该不可靠吧。”他们应该是怀抱着这样的心情晃到这里来的吧。若真是如此,我应该帮不上什么忙吧,我什么都无法教你。第一,我自己都泥菩萨过河了。我头脑不好,什么都不懂,至今做了许多蠢事,我所能做的就是不厌其烦地告诉你不要重蹈我的覆辙。不要逃课,不要留级,作弊没关系,但至少要混到毕业;尽可能多读书;不要流连咖啡馆乱花钱;想喝酒的话,就跟朋友、前辈一起去吃牛肉锅顺便发泄一下不满,但是一个星期最多只能去一次;要能忍受寂寞,如果才忍个三天还觉得寂寞的话,那就是有病;今天起只以冷水擦身;一定要穿束腹;不要跟人家借钱,宁可饿死也不要开口借钱,这个世界不会让人饿死的,你放心好了;恋情一定只维持在单恋的阶段就不要再前进了,主动跟女人告白是男人之耻,只要你有心,对方就会感受得到,只要如此相信,耐心等待,万事勿急勿躁。漱石四十岁才开始写小说。

这是愚蠢的我呕心沥血的忠告,就像前述一样尽是些不入流的事,这位学生忍不住捧腹大笑,此杂志的读者也一定跟他一样想要成为明日的鸥外、漱石或歌德，所以对于这一点也不有名也不伟大的作家可怕又低俗的话忍不住笑出来了吧。没关系，崇拜的对象当然是标准越高越好。

《悬赏界》 昭和十五年一月

# 作家之像

虽然仅仅十张左右的随笔也不是写不出来，但这名作家至今已沉吟了三天，稿纸写了又撕，再写又再撕，现今日本正当缺纸的时期，这样浪费纸张他自己也很心痛，却还是泪流满面地继续写了又撕。

不能说，想说不能说。可说与不可说之间的区别，这名作家并不清楚。他至今似乎都还没能接受“道德的普适性”。他想说的事多得是，而且也很想说，但每当他要开口时，总会有某个人的声音跳出来：“你在说什么啊，到头来你还不是在为自己做辩解！”

“才不是，我没有在自我辩解！”即使我急忙地否定，但在内心的某个角落不免虚弱地肯定对方所言：“说不定也真的是在辩解吧。”我将刚写好的稿纸撕成两半，再撕成四张。

“我想这篇随笔应该写得很差吧。”一开始写就这么想,再继续往下写没多少就忍不住撕毁。“随笔是不容许虚构的”，才写下这句，又撕。虽然想说些什么，却还怎么也写不出来。

只有面对目标才能不偏不倚地命中，对于其他佳人，一点也不想沾染。我是个没用的人，每当我想要有积极作为时，结果必定是徒劳无益又伤人的。朋友都说我是“熊手”，本来想抓痒却下手太重抓出伤来。

我读冢本虎二的《忆内村鉴三》，其中有一段话如是说：“某夏，先生在信州的沓挂温泉与我的孩子玩耍，开玩笑地将热水淋在他身上，弄得孩子号啕大哭。先生一脸悲凄地对我说，‘我老是让人把亲切变成仇恨’。”我读了心有戚戚焉，一时之间无法自已，忍不住捡起地上的石块想扔向河对岸，不小心因动作太大手肘撞到站在一旁的佳人，害她疼得叫出声，我冷汗直流，但不论再怎么辩解，佳人都一脸不悦。也许我的手比一般人长上一倍吧。

随笔与小说不同，是作者直接表达的字句，

若不注意的话很容易伤到别人，即使根本没有说这个人的意思。说得夸张一点，我一直以来都只是在向上天报告人类历史的真相，并无挟带任何一点私怨，但我若是这样说，他人一定又会嘲笑我而且也不会相信我。

我想我是个极幼稚的男人，也是所谓的“顽固家伙”，在任何作为之前，都得先找出这么做的理由才行，例如一夜我若要去喝酒，定得要有什么理由才去喝。昨天我去了阿佐谷喝酒，那也是有原因的，我为这家报纸（《都新闻》）写了篇随笔。我已有题材了，但无论如何都写不出来。如果不是随笔而是小说，要多少我都能下笔成章，这一个月来将构思中的短篇小说反复吟味，如果是让我写小说，就能一吐现在郁闷的心情，至今我都将这腹案小心地收藏着。然而要将此作为随笔发表，恐怕用词不当引人误解，不小心弄巧成拙导致争端就糟糕了。我想还是谨言慎行，只得想办法装傻，甚至于觉得该以“今天天空放晴，我如往常般出门散步，红梅早早就已盛开，天地有情，春天又将再次来临”这种调调来混过去。然而我很没用，没办法妥善地隐藏我的情感。遇到开心的事总忍不住喜形于色，若做了些愚蠢的事，怎样也无法不表现出沮丧，所以要我装作若无其事，真是难上青天。于是我这么写道：“就算别人不认同，但我还是认为自己是朝着一流作家之路而努力，因此每天都做着不必要的苦工。我有时也觉得自己很笨，或是气自己气得面红耳赤。

“一点也不有名的我，却自以为是有头有脸的人，进退应对言行举止上都十分谨小慎微，在还未变成大事的小事上戒心，在不足为人道的无聊事情上不准自己出差错，日常之中若碰上不愉快之事，也得哈哈大笑，一笑置之。以漫不经心的口气述说对自己失望之感慨：‘至今写不出什么杰作。’有时会想，我是不是脑袋有问题。”

“偶尔会有报社要求我写篇随笔，我虽奋勇接下委托，实际写作时却发现这样写不行，那样写也不对劲，一再将草稿撕毁，不过是十张稿纸左右的字数得花上三四天沉吟构思，希望能写出让读者眼睛为之一亮的随笔，但却因为过度沉潜其中，渐渐地忘了目的为何，忘了随笔本身究竟是何物。”

“我在收纳书的箱子里翻找出《枕草子》与《伊势物语》，想据此来探讨日本自古以来随笔的传统。非得找到靠山，真是个驽钝的家伙。”

走笔至此，大致上还没有什么问题，但接着再写了一张左右，又觉得这根本拿不出去，气急败坏地把写好的稿子又全撕了。明明再多一会儿就能写出些名堂。

我想写一篇短篇小说，在完成之前，我不想要任何人对我留下印象。我知道那需要费心费力，同时也是很奢侈的坚持，但我想尽可能地隐藏自己，想装傻到底，这对我这般单纯的人来说，是极为困难的事。我昨天也非常烦恼没有随笔的题材可写。不如写死去的友人好了，或是旅行的事，或者写日记呢？我至今没写过日记，我不会写日记。

对于一天之中发生的事，哪些该省略不提，哪些又该记录，我不知取舍的界限在哪里，最后一定会全部写下来，成为一天的流水账。因为想要正确记录，将一天结束、进入沉睡之前的所有事情滴水不漏地记录，这其实很麻烦。再者，所谓的日记，是不是一开始就该考虑到是要写给别人看的，或是应该视为只有神与自己存在的世界呢？这个问题也让我非常苦恼。结果，我本来买的是日记本，却拿来画漫画或是随手记了朋友家住址之类的杂事，根本无法写每天发生的事。但是我们家的人好像会写日记，于是我借来看，并决定要在上面写下我的注释。

“你是不是在写日记？借我看一下吧。”我一派轻松地开口，但不知为何，他竟来个相应不理。

“不借也没关系啦，那我要喝酒。”听起来像是唐突的结论，但并非如此。只是没有别的路可以让我从这篇随笔中逃走。这是有理由的，要是没有理由我是不会让自己喝酒的。昨天也是因为有理由，我一脸愁苦地到阿佐谷去喝酒，在阿佐谷的酒店里，非常专心地饮酒，不像现在我胸怀大志，所以无法放松。我模仿着权威者沉稳的模样，静静地喝酒，但是一喝醉就完全走调。

我抓着两名看上去像是纨绔子弟的人滔滔不绝地说：“你们知道爱是什么吗？爱是尽义务，真是可悲啊。也有人说爱是固守道德，更甚者，说爱是肉体上的拥抱，这些都是泛泛之言，也许是对的也不一定。但还有一项，还有一项什么代表爱。听好啰，所谓的爱，我也不知道是什么，如果有人知道的话，再跟我说啊。”就这样聊些废话，烂醉如泥。

《都新闻》 昭和十五年三月

# 容貌

我的脸最近好像又大上一轮，本来就不小了，这一阵子又变得更大。人家说美男子应是有张小巧秀气的脸，我想应该没有什么例子可以证明有大脸美男子的吧，光是想象也很困难。脸大的人从一开始就干脆放弃，似乎也只能追求伟大、庄严、宏大等赞美的字眼。滨口雄幸[①]是个异常大脸的人，也确实不是美男子，但看上去却是那样庄严。我想一个人的容貌应该也与其修养有关，如果我想要变成那样，那么除了要有像滨口先生般的修养之外，别无他法。

脸变大之后，若不多加注意，就会让人误以为是一脸傲慢，让人觉得那家伙不知在不高兴什么，老是板着一张脸，甚至会遭受到意外的攻击。

---

① 滨口雄幸（1870—1931），日本大正、昭和初期政治家，日本第二十七任内阁总理大臣。

有天我去新宿的一家店，一个人喝着啤酒，有个女人自动靠了过来，劈头就说：“你好像是个阁楼里的哲人，一副了不起的样子，但是对女人来说并不讨喜哦，自以为是艺术家是不行的，所谓的梦想还是丢一丢吧。什么生而为歌的诗人呐，好了不起哟。拜托你来这种地方之前先去给牙医看一下好吗？”我的一排牙齿东缺一颗西缺一颗。我无话可说，只好买单，之后的五六天都不想再出门，静静地在家读书。我想只要鼻子没有变红就好。

《博浪沙》 昭和十六年六月

# 某种忠告

“该作家的日常生活，完完全全地表现在其作品之中，无法有半点修饰，写不出超过生活范畴外的作品。明明过着糜烂的生活，却能写出优秀的作品，对他来说是不可能的事。”

“就算好不容易在《文人》交到文友，也不会有多开心。戴着宗匠头巾[①]说出‘最近的年轻人连介系词都不会使用，真是让人不忍卒睹’这样的句子，真是让我想吐。就算人家再怎么以‘老师’称呼我，也不会有多开心。路边摆摊算命的，也是老师啊。就算世人待之以名士之礼，招待我去看电影试映或是相扑比赛，也不会有多开心。最近多了点收入，也不会有多开心。哪有不好好写小说，就被人捧成名士的道理。特别是要赚钱的话，还有其他许多方法，要多少有多少吧。”

---

① 和歌、茶道、花道大师常会戴的头巾，圆筒平顶。

“为的是出人头地吗？刚开始写小说时，那近似悲壮的觉悟到哪去了？”

“你这家伙真是心胸狭小。是不是在装傻呀？还是有打算要写些什么呢？据时事评论的说法，你的心境似乎愈来愈澄净了呢，啊哈哈。是因为家庭幸福吗？并不是只有你才结婚有老婆好吧。”

“你这家伙真是桀骜不驯啊。你是不是一瞬间脸色变得惨白了呢？正在读《万叶集》吧？请不要欺骗读者。要是太小看人，我会把真相都抖出来，不要以为我不知道你在搞什么鬼。”

“你问我是不是责任太重呢？我不知道。责任是一天比一天还重，本来就是这么艰苦，即使如此还是要正面迎战，努力求生。比起明日的生活计划，今天忘我的激情更为重要。想想那些行走在战地上的人们。我认为，正直不论在哪个年代都是一种美德，不可含混诓骗。比起明日痛定思痛的觉悟，今日拙劣的献身才是当下必要的。你们的责任重大。”

有位诗人到我家来向我说了上述这段话。这个人并没有喝醉。

《新潮》 昭和十七年一月

# 谈谈我的半生

## 生长与环境

我出生于乡下所谓的有钱人家，有多位兄姊，身为幺子，我的成长过程衣食无缺，因此养成我不懂世事又极度害羞的性格，我感觉别人眼中的我，似乎是个以害羞个性为傲的人。

因为有着几乎是无法对人开口说话的软弱性格，从小到现在自觉生活能力接近于零，可说是厌世主义者，感觉不到求生的欲望，只想提早逃离这恐怖的生活，从小我就一直想着该如何与这个世界说再见。

这样的性格可说是促使我以文学为志的动机吧，我感觉不论是养育我的家庭或双亲或是所谓故乡的概念，都在我身上根深蒂固难以拔除。

我也许在自己的作品中表现得让人感觉是以我的出身为傲，事实却是相反，提到自家的事是十分谨慎，几乎只有一半是真，不，甚或是更暧昧委婉的。

总是被放大检查，不知为何我总是被人指责、仇视，这恐怖的感觉一直纠缠着我。因此我想要故意过着最低限度的生活给别人看，或是遇到再肮脏的事都要表现出不以为意，但我连系绳子都不会。

这大概就是别人无论如何都会无来由地觉得我很自负的最大原因。但如果让我说的话，这也是构成我个性软弱的最大理由，或许也因为这个原因，我有好几次想要把自己身上所有的东西全都掏出来给人的念头。

例如谈恋爱，虽然偶尔也是会有女性主动向我示好而接近，但我讨厌别人认为我不过是因为身为有钱人家的小孩才让女性对我有意思，所以有好几次的恋爱都是我自己断送的。

现在我的兄长是青森县民选知事，如果对女性提到这件事，很难不被认为是以此作为追求女性的手段，因此我反而更加努力地扮演一个吊儿郎当的公子哥，让自己看起来那么接近愚蠢者。这是我至今无论如何无法找出解决方法的问题。

## 文坛生活

当我二十五岁还在东大法文科混的时候，改造社出版的杂志《文艺》要我写几篇短篇，那时我刚好写了篇名为《逆行》的短篇便寄去了，之后两三个月，在报纸的广告里与其他前辈的名字一同被大大地刊登于上面，之后的某日便入围了第一届芥川奖的候选名单。

与这篇《逆行》的时间几乎没差多久，也在同人杂志《日本浪漫派》上发表了《道化之花》，受到佐藤春夫老师的推荐，此后得以有机会在文学杂志上不断发表作品。

受此鼓舞，自己也暗暗地抱着能够就此站上文坛，或者说是可以靠写小说维生的希望，此时是在昭和十年左右。

回头想想，自己似乎没有非常明确的动机以文学为志，几乎是在不明白甚至可说是无意识之下，不知不觉地走在文学的原野之中，当我发现时，已经走到“往前需千里，往后亦需千里”的状态之下，进退不得地处于文学之野的正中央，我想若形容那心情是极度惊讶也不为过。

## 前辈、喜欢的人们

我会拜托对方与我往来的前辈大概只有井伏鳟二先生一人，以及评论家河上彻太郎、龟井胜一郎，此二位是因《文学界》的关系而成为一同饮酒的朋友。还有一些前辈的年纪若要说是与他们交友可能会有些失礼，如曾让我到家里拜访的佐藤老师以及丰岛与志雄老师。其中井伏先生是为我与内人做媒的恩人，与我家有更进一步的交情。

井伏先生的作品，包括他早期的《深夜与梅

花》等作品,在我心目中可说是如宝石般闪闪发亮,让我联想到嘉村礒多等从前那些伟大的人们。

这也许是我这样个性软弱的人之特征吧，对于惊动大众、受到尊敬的作品，我一概抱持着怀疑之心。

明治文坛中我认为国木田独步的短篇非常优秀。若只谈十九世纪法国文学，不心服于当时的所谓大文豪如巴尔扎克、福楼拜等人，就会被说是缺乏文人的资格，或是没有常识，然而这些大文豪的作品我并不是真的那样喜爱，反而爱读缪塞[①]、都德[②]之流的作品。若是俄罗斯文学,一般常识中也都认为若不感动于托尔斯泰、陀思妥耶夫斯基之作,就没有资格称为文人,这道理也许没错,但我还是觉得契诃夫或是俄罗斯作者中无人可及

① Alfred de Musset（1810—1857），法国剧作家、诗人、小说作家。

② Alphonse Daudet（1840—1897），法国写实派小说家。

的普希金[1]才是最优秀的，我为他们倾倒。

## 我并非怪人

在上个月的《小说新潮》所举办的文坛聚会“话之泉”上，我似乎被贴上了标签，他们说我是个怪人，但我的小说不过是标新立异而与众不同，这让我暗暗地感到有点忧郁。我想，这世上被称为怪人、奇人的，通常都是意外地没有自信、心胸狭小的人，为了保护自己而伪装出来的居多，对于生活，其实并没有太大的自信吧。

我不觉得自己是个怪人，也不是什么奇男子，反而是非常遵守那理所当然又老旧的道德传统的男人。然而很多人却认为我是完全无视于道德规范的存在，事实上是完全相反的。

---

① Aleksandr Pushkin（1799—1837），俄国现实主义文学的奠基人，代表作有《自由颂》《上尉的女儿》等。

然而，如前所述，我个性软弱，所以对于这项弱点也只有乖乖认命，此外我也无法与他人辩论，要说这是我的一项弱点也可以，但我想还是因为我多少是有点基督教主义者的关系吧。

说到基督教主义，我至今仍住在一间如同字面意义“荒家”一样的破屋子里，当然我也想住在一般的房子，也觉得孩子们很可怜，然而无论如何我都住不起一间好房子，并不是因为什么无产阶级意识或是无产主义的关系，而是因为我顽固地遵守着基督教的“汝当爱邻如爱己”之教条。但是我最近也深入地思考着，我似乎也没能彻底执行所谓的“汝当爱邻如爱己”，人都一样自私，所以这样的思想也只是在逼人去死罢了。

我在想，我一定是对于这项教条有所误解，那应该是有别的意义才对吧。当我这样想时，一直着眼于“如爱己”这几个字，所以还是得要先爱自己才行，若是厌恶自己，甚或是虐待自己却说要爱人，不就等同于自杀吗？我虽然稍微认识到这点，但也不过是处于理论的阶段而已，我对于世人的情感还是维持一贯的低调害羞，一直以来总是感觉自己走路时非得驼着背矮了二寸，同时也发现我的文学观似乎也是如此。

此外我也实际感受到所谓的社会主义果然是正确的。今日我们总算来到社会主义的世界之中，像片山总理①等人可以成为日本的掌舵者，真是令人欣喜，然而我仍旧与以前一样，不甚或是能比以前过着更加荒凉的生活。最近并不会感伤地去想到自己的不幸，或是自己这一辈子都不可能得到幸福了，反倒是有种终于明白的感觉。

这样东想西想，我开始想喝酒想得不得了。酒虽然不会左右我的文学观或是作品，但是对我的生活有很大的影响。如前所述，我就算与人面对面也无法完整表达想法，“如果当时这样说的话就好了”事后才对于想说却说不出来的情况感到扼腕。与人会面时总是感到头晕目眩，却又觉得

① 片山哲（1887—1978），日本政治家，社会民众党创建人之一，第四十六任日本首相。1955年曾访问中国。

不说点什么不行，只好猛喝酒。这对健康有害，也不时让我的经济出现危机，使得家里越来越贫寒。每天入睡前总是想着许多改善的办法，但问题似乎已经严重到我死都无法改变的程度了。

我已经三十九岁了，想到今后还要这么过下去，我没有任何自信，束手无策。所以像我这样所谓的米虫，还要养妻养子，我想世上大概没有比这更悲惨的事情了吧。

《小说新潮》 昭和二十二年十一月

# 早上

我最喜欢游玩，在家就算无所事事，也会处于一心等待有朋自远方来的状态，要是玄关一有动静，我虽是皱眉瘪嘴一副被打扰了的样子，但实际上却是万分雀跃，立刻抛下正在写作的稿纸，迎接客人的到来。

“啊，不好意思，你在工作吧？”

“不要紧，找我有什么事吗？”

随即跟这名来客一同出游。但也不能都不工作，所以我在某个地方设了间秘密的工作室。那在何处呢？连家里的人我都没让他们知道。每天早上九点左右，我就带着家人帮我做的便当，到这个工作室上班，因为不会有人到这个秘密工作室找我，因此工作大致都能照计划进行。但是一到了下午三点左右，一方面是工作累了，再则想要有人可以说说话，因而想要上街走走，于是适时地将工作告一段落，踏上回家之路。回家的路上不时会被关东煮小摊等给吸引，到家时已是深夜。

工作室。

但那工作室是一名女子的房间，该年轻女子一早就出门，到位于日本桥的某银行上班，在她出门后我才去那里，待上四五个小时，并在女子从银行下班回来之前离开。她并不是我的情人，我只是跟她的母亲认识，她母亲因为某些缘由，与这名女子各分东西，目前在东北过生活，不时写信给我，对于女儿的婚事寻求我的意见之类的，有时我也会应她要求去做受人之托所相应该做的事，诸如见她所中意的青年，写信回复她说："他应该是个好女婿吧，我赞成。"

但是如今我不禁感到，女儿比母亲更加信赖我。

"阿菊，我前一阵子跟你未来的丈夫碰面了哦。"

"是哦？如何？你应该不怎么喜欢他，对吧？"

"嗯，有这么明显吗？不过，跟我比起来，不管是哪个男人看起来都是笨蛋吧，你只能勉强接受啦。”

“说的也是。”

这女孩似乎打算干脆就跟那青年结婚了。

前几天晚上，我喝了许多酒。不，其实每天都喝很多，所以也不值得大惊小怪的，那天就是从工作室回家的路上，在车站遇到了许久不见的朋友，便带他去我很熟悉的关东煮店大吃大喝了一顿，正当我觉得已经接近饮酒过量之时，杂志社的编辑说他猜到我应该会在这里，于是带了瓶威士忌来找人，我只好继续陪他喝完那一瓶威士忌，觉得都快吐了，自己都觉得快撑不住想要躲到一旁之际，这下又换成友人说要换个地方回请我，于是又搭了电车来到友人相熟的料理店，在那里又再喝了日本酒。最后终于要跟友人及编辑分开的时候，我已经醉得走不动了。

“你给我站住，看起来根本就不可能走回家，就在这里睡了吧，拜托你。”

我就这么把脚伸进暖桌里，连披风都没脱下

就直接睡着了。半夜突然醒来，伸手不见五指，几秒之间，我以为是睡在自己家里，但稍微动一动脚，发现自己连袜子都没脱，当场吓醒。完了！糟了！

啊啊，这样的经验我该不会至今已经犯上几百次、几千次了吧？我忍不住唉了一声。

“您会冷吗？”阿菊在黑暗之中开口。她似乎也是将脚伸进暖桌里睡着，与我呈现直角状。

“不，不冷。”我坐了起来，说：“我可以开窗户尿尿吗？”

“没关系啊，这样还比较方便呢。”

“阿菊也常常这么做吧。”我起身按了电灯的开关，却没亮。

“停电了。”阿菊小声说道。

我手扶着墙好不容易才摸到窗边，还踹了阿菊的身体一脚。她直盯着我看。

“这样不行。”我喃喃自语着，终于摸到了窗帘，推开它开了窗，然后发出流水声。

“阿菊的桌子上有一本《克莱芙王妃》（*La*

*Princesse de Cleves*）吧。”

我像之前一样边躺下边说道。

“当时的贵妇人也都是一副理所当然地在宫殿的庭院里或是走廊的楼梯暗处小便哦。所以啊，像这样打开窗户尿尿，本来就是很高贵的行为。”

“喝了酒就会如此吧。贵族不是边喝边睡的吗？”

好想喝酒，但是再喝会出事的。

“不，贵族都很怕黑，因为他们本来就很胆小啊，若是在黑暗之处就会害怕得不得了，所以一定要点蜡烛。点蜡烛的话，就可以喝酒了。”

阿菊默默地起身，然后为我点起了蜡烛。我松了一口气，心想今晚应该不会发生任何事了。

“放在哪里好呢？”

“《圣经》里说要把烛台放在高处，所以还是放高点好，就在那个书柜上头如何？”

“酒呢？要用杯子喝吗？”

“深夜的酒，要倒在杯子里，《圣经》里也是这么说的。”我说谎。

阿菊呵呵笑着，一边将酒倒进一个大杯子里端来给我。

“还剩下一杯左右的量。”

“不，这样就够了。”我接下杯子，咕噜咕噜地大口喝下，一口把酒干了之后仰面躺下。

“我再睡一下，阿菊你也快休息吧。”

阿菊也再度与我呈直角地仰着躺下，但是她不断眨着她那有长长睫毛的大眼睛，似乎是睡不着。

我静静地望向书柜上蜡烛的火焰。那火焰就像是生物般高高低低地舞动着，我看着看着突然想起某事，不禁感到恐怖。

“这蜡烛好短，很快就会烧完了吧，没有长一点的吗？”

“只有这一支。”

我再度沉默，有种想要向天祈祷的心情。拜托在蜡烛烧完之前让我睡着或是让我从那一杯酒的醉意中醒来吧，不管哪一种都好，不然阿菊会有危险。

火焰越烧越小，蜡烛一点一点地变短了，我一点睡意都没有，更别说要从酒醉中醒来，根本就是五体发热，越来越大胆了。我无意地叹了一口气。

“您要不要把袜子脱了呢？”

“为什么？”

“这样比较暖啊。”

于是我照她说的脱了袜子。不行了，蜡烛一旦熄了，就完了。

就在我有所觉悟之时。

火焰将熄未灭，痛苦地扭动挣扎，一瞬间化成巨大的光亮，接着发出嘶嘶声，最后越来越小越来越小，熄了。

天也渐渐变亮，房子里有了淡淡的光明，很快黑夜就要过去了吧。

我起身，准备要回家了。

《新思潮》 昭和二十二年七月

# 懒惰的歌留多

我的多项恶德之中，最为显著的是懒惰，这已是毋庸置疑，无人可及，只有关于懒惰之情事，我是货真价实的。这不是什么值得一提的事，就连我自己都对此瞠目结舌。这是我最大的缺点，确实应该引以为耻的缺点。

很少有哪项恶德像懒惰这样可以找到这么多辩解的借口。卧龙。我是在思考。徒劳无功，面壁九年。想要将想法更加精练、让思想成形。雌伏。贤者若是思动，必露愚色。熟虑。洁癖。执着。我的苦，没有人懂吧。升仙。无欲。要不是生不逢时啊。沉默是金。尘事繁杂。房角的基石[①]。时机尚未成熟。棒打出头鸟。没有比躺在床上滚更令人高兴的事了。天衣无缝。桃李不言，下自成蹊[②]。绝望。对牛弹琴。一朝被蛇咬，十年怕井绳。隐讳不宣的国家。愚蠢。大器晚成。自矜、自爱。

---

① 盖房子时，所放下的第一块石头，用以定位。《圣经》中的房角石多指耶稣："匠人所弃的石头，已成了房角的头块石头。（诗118：22）"

② 喻待人真诚，自然会受到尊敬。出自《史记·李将军列传》。

最终会有福来。等等他们的随意想象。死后的名声。换句话说，要的是地位，因为是权威。晴耕雨读。三度推辞不为所动。海鸥是声音沙哑的鸟。与天交手。纪德又何曾是有钱人？

一切都是无用之人的借口。我其实觉得很丢脸，就算苦，也不足为人道。为何不写呢？因为身体不太舒服之类等等，走投无路只好头低低地一副可怜相地（去向编辑）告解，但是你看过有病人可以一天抽五十根以上的Bat[①]，喝起酒来不费吹灰之力地干掉一升，接着还能扒完三碗茶泡饭的吗？

简而言之，一切就只是因为一个懒字。一直这样下去，怎么看我都是个没有前途的人。是的，若一切都是注定的，我也很难过，我们不能再这样放纵自己。

不管是感到苦涩也好、自命清高也罢，还是

---

① Golden Bat，日本烟草的牌子，简称Bat。因为便宜，随着每次使用的分量等因素表现出来的味道也很不尽相同，显得有个性，在日本诗人、作家之间很流行抽这种烟。

纯洁、率直，这些理由我都已经不想再听，写就对了，管你是落语还是笑话，写不出来全都只是因为懒惰。愚蠢的盲目信从。人做不了超出自己能力的事情，也办不到自己能力以外的事，没有权利说不工作，否则就不配称为人。

一想到此，也只能心不甘情不愿地坐在书桌前，但却什么也干不了，支手托腮，发呆，也没有特别想什么深远的事，这世上再也没有比懒惰者的空想更愚蠢而无用的了。这也算是一种坏事传千里吗？这懒惰者的空想竟然一发不可收拾地狂奔。究竟想了些什么呢？这名男子现在考虑要去旅行，但是坐火车很无聊，还是搭飞机好了，不知道会不会很晃？在飞机中可以抽烟吗？穿着高尔夫球裤、吃着葡萄坐在飞机里，应该很酷吧？吃葡萄到底要吐葡萄籽还是直接吞下去呢？我想要知道正确的吃葡萄的方法等等，可说是漫无目的地想着这些事情。突然匆忙地打开桌子的抽屉，在里面东翻西找，好不容易找到一枝掏耳棒，煞有介事地开始掏起耳朵。这根竹制的掏耳棒一端是毛茸茸的白色兔毛，男子用那兔毛在自己耳中搔呀搔的，舒服得忍不住眯起眼。挖好耳朵了。无所事事。之后又开始在抽屉里找呀找，找到防感冒的黑色口罩，二话不说地就往脸上戴，挑着眉，眼睛溜溜地转呀转地，东看西看。无所事事。脱掉口罩，收回抽屉里，啪的一声关上。又再支着脸。玉米是种低贱的食物，有没有所谓的正确的吃法呢？啃玉米的样子就像是拼命地吹着口琴般等等的蠢事，在脑中不断冒出来。不管想的事情是多么天马行空，最后好像总离不开吃的东西。而且这名男子根本没有味觉可言。比起味道，还比较关心怎么吃。对于须费力吃的食物，他看都不想看一眼。例如秋刀鱼之类的，吃起来也许很美味，但是因为有刺，这男子就是讨厌，所以就一副讨厌吃鱼的样子，并不是因为味道的关系，而是觉得要挑刺很麻烦。就算是昂贵的料理，如盐烤香鱼等，他也不喜欢。遇到这样的菜时，总是一脸不好意思，稍微用筷子挑个两下，就放着再也不去动它。他喜欢玉子烧，因为没有刺。喜欢豆腐，也是因为吃起来不用费力。喜欢喝的东西，牛奶、汤、葛汤[1]，无关美味与否，只是因为吃起来不麻烦。说起来，这男子也不太分得出寒暑。夏天，不管再怎么热，也不会拿扇子来扇，因为嫌麻烦。如果有人跟他说，今天真的好热呀，然后拿出一把扇子给他，他才会发现，是哦，今天有那么热吗？急急忙忙地拿起那扇子扇呀扇地，一副很凉爽的样子，但是很快地又觉得厌烦，停下扇扇子的手，无意识地将那扇子放在膝上隔三岔五逗弄一下。他应该也不知道冷。如果没有谁为他将火盆烧好炭给他，他可能就会一整天抱着没有火的火盆发呆，动也不动。若没有人注意，就会不论晚秋、初冬、严寒，他都默默穿着夏天的白衬衫，还一副没关系的样子。

我伸长了手，从桌子旁边的书架上抽出一本某日本作家的短篇集，忍不住瘪嘴。我开始像是

① 以葛粉加水煮，以糖调味，带点黏稠性的甜汤。容易消化，从前是拿来当婴儿离乳食或是给病人吃的流质食物。

在显微镜下探究些什么的心情，仔仔细细、恭恭敬敬地一页一页慢慢地翻阅。该作家被称为当代巨匠。他的文章虽奇特，却很容易读，我通常是在这样一个心灵空虚之时试着拿他的书来读，应该算是喜欢吧。本来是正经八百地读着，突然哇哈哈地笑了出来。这名男子的笑声很有特色，像是马在笑一样，令我瞠目结舌。书里写到被视为作家本人化身的主角，一脸正经地带了条包袱巾从湖畔的别墅来到街上要买晚餐的配菜，但这里描写主角欢天喜地的样子让我不争气地笑了。明明是个老大不小的成熟男子，竟然会听从老婆的命令，带着包袱巾，高高兴兴地来到街上买葱，实在是太糟糕了。他一定是个懒惰的人，这样的生活实在太不妙。他一定是在家无所事事地晃过来晃过去，老婆实在看不下去了，就教他出门去买晚餐要用的菜。这事常有。被指派，哦，葱五钱哪，点点头，真是个白痴，好好地整装，觉得自己有那么点小小的用处就开心了，高高兴兴地拿着包袱巾出门买东西。真是丢脸、太丢脸。你不应该是个粗眉、刚刮完胡子的下巴还留着青色痕迹的大男人吗？我感到有些不忍卒读，合上那本书，放回书架。之后又继续无所事事。支手托腮，发着呆。懒怠者要是拿陆上动物来比喻的话，首先想到的应该是上了年纪的病犬吧。目空一切，摊着四只脚，仅有肚子还有起伏，在太阳下睡一整天，就算有人从旁边走过，它也懒得叫一声，稍微张开眼，默默地目送他离去，然后再次闭目。又脏又臭。若是以海洋生物来比喻，大概是像海参吧，令人无法忍受、讨厌。还算是个人吗？黏糊糊地巴在石头上，不时动一下指头，然后，什么也没有在想。啊啊，真是太令人无法忍受了，我猛然起身。

没有什么好吓一跳的。我去了厕所才来的。很多事情是不值得期待的。我站着，想了一下，于是往隔壁的房间走去。

"有没有什么事我可以帮得上忙的？"

隔壁房间里，家人正在缝东西。

"啊，有的。"她头也不抬地回答着："你帮我把这熨斗加热后放着。”

“哦好。”接下熨斗，一个大男人又再次坐在桌子前面，一口气将那熨斗插进一旁火盆的灰烬中。做完这个动作，像是完成了什么大工程般，心情沉静，点了根烟来抽。这跟什么带了条包袱巾上街买葱的情况根本没两样，甚至更糟。

他越来越哑口无言，恨不得想杀了自己，“算了啦！”自暴自弃地写下几个字，竟然是“懒惰的歌留多”。一个字一个字地，边想边写下，慢慢建构出通篇旨趣。

对生存感到心焦，为感受而焦急。①

维纳斯自海上的泡沫中出生，在西风的引导下，随波漂流到塞浦路斯岛（Cyprus）海湾上岸。她的四肢是那样优美细长，她动作缓慢而优雅，乳白色的皮肤每一分每一寸，不论是耳朵、脸颊

① い、生くることにも心せき、感ずることも急がるる。

还是手心，都透着淡淡的玫瑰色，秀气的脸庞清清净净，全身上下散发着柠檬般的清香。众神被维纳斯的美貌所迷倒，崇拜地说她正是爱与美的化身，心底也悄悄地怀着不当的想望。

维纳斯乘着天鹅拉的双轮车，于森林中、果园里游玩，对她抱着不当怀想的数十位神明就跟在那双轮车后追着，一边吸着扑扑的灰尘，一边拭汗。玩累的维纳斯在森林深处的冷泉边掬水洗着渗出汗水的四肢，一旁的树间或是茂密的草丛中就会透出那些神明们怪异的眼神。

维纳斯想，与其这样每天被这些怀着奇怪念头的神明打扰，不如委身于其中一人吧，干脆将这个身体交给某一个男人吧。

维纳斯决定，在一月一日清晨，前往众神之父朱庇特[①]的宫殿路上遇到的第三个男人，就是我维纳斯一辈子的丈夫。啊，天父朱庇特啊，求求您，

① Jupiter，古罗马神话中的众神之王，相对应于古希腊神话的宙斯。

赐给我一位好丈夫啊。

元旦，维纳斯头披着雪白的头巾如飞一样出了门，在森林小径上遇到的第一个男人是位看上去很邋遢、满身都是毛的男神。在森林出口的白桦树下，遇见了第二个男人，维纳斯突然停下脚步，这男人是个精神奕奕的美男子，在朝雾中插着手，对于维纳斯的美貌毫无所动，自顾自地缓步前行。“啊，就是他了！第三个人就是他，第二个人……第二个人就当是这白桦吧。”维纳斯如此喊叫着，就朝那雄壮威武的广阔胸膛投奔而去。

在被决定的命运之中，随风飘逸，然后在关键性的时刻，奋力一搏，创造更好的命运。在宿命与一点点的人为技术下，维纳斯的婚姻幸福美满。那雄壮威武的胸膛，即是朱庇特的传人，雷电之征服者伏尔坎[1]。他们生下的可爱孩子叫丘

---

① Vulcanus，古罗马神话中的火神，跛足，相传是被他父亲朱庇特打的。

比特[1]。

诸君在二十世纪的都会马路上，也要像这样趋吉避凶，当你暗自在心里试验时，也未必要死守第三人，审时度势，就算是电线杆、邮筒、路旁的树有时也可以充当一人，如此虽不能保证可以生出丘比特，但至少可以确定能得到伏尔坎。请相信我。

牢房是黑暗的。[2]

牢房岂止黑暗而已，冬寒夏热，蚊群百万，令人难以忍受。能避则避。

然而，我不时在想，修身、齐家、治国、平天下，这样的顺序实在没有必要严守，有时候也得承认一身虽不修，一家虽未齐，却能治国、平天下。倒不如把那顺序倒来，平天下、治国、齐家、

① Cupido，古罗马神话中的爱神。

② ろ、牢屋は暗い。

修身来得爽快。感觉真好。

我欣赏河上肇[①]博士的性格。

母亲啊，为自己的孩子发怒吧。[②]

“不！我不相信。错的是你，那孩子是那么温厚，总是保护弱者，他是我的孩子。哦，好好好，你不要哭。这样你母亲来的话我就不让他碰你一下哦！”

不断被憎恨，让我变强。[③]

你偶尔也写一下正经的小说吧。世人对你的评价最近好不容易稍稍好转，竟然又写了那有气

---

① 河上肇（1879—1946），日本经济学家、作家，后投身社会运动，参加日本共产党的地下活动，译有马克思的《资本论》。

② は、母よ、子のために怒れ。

③ に、憎まれて憎まれて強くなる。

无力的《歌留多》，真是令人伤脑筋。这下子，大家又会开始怀疑你的病是不是还没有完全治好。

我猜我的那群好朋友会这样担心我，但我想他们可以放心啦，我又不是老人。最近我感觉到，其实也没有什么事，一切都从头开始。我的文笔还不成熟，一篇文章得要反复思量边想边写，里面也都还是满满的关于自己的事。喜怒哀乐，一天一天如何度过的流水账。我发现，果然三十一岁只能做三十一岁会的事。看似理所当然，对我而言却是惊人的发现。我还远远无法写出像《战争与和平》《卡拉马佐夫兄弟》那样伟大的杰作，我可以确定，我绝对写不出来。就算有心想挑战，却也没有力量可以抵达那种境界。然而我并不因此而丧志，我打算要活得长久，终我一生来努力。最近我终于能有这样的觉悟了。我喜欢文学，只有这一点是不输人的，是不容妥协的。若不喜欢文学，就无法从事文学。这是一种信仰——这家伙终于慢慢地明白了。我想好好一个大男人，一脸正经地写下《歌留多》那样的作品，那画面就好像是弁庆[①]在玩手球[②]仁王[③]在折色纸或是摩西[④]打柏青哥想赢钱。那么稀罕。我明白，但也觉得这样没什么不好的。所谓的艺术，不正是如此吗?诚实而直白。只要看得懂的人可以看到就好。

当然我也不会只满足于目前这种形式的写作。这样半吊子的写作形式，我自己也感到困难，也很讨厌。我该突破既定的小说写作方式，更上一层楼才对。现在这篇小说之中，我采取了相当狡猾的手法。我也是个商人，所以对那些伎俩还多少有些心得。今后我要来写所谓成熟的小说。当我写下这句宣言时，自己都觉得丢脸，害臊得脸都红了起来。但为了要让我那群好朋友安心，我想无论如何都得将这句话写下来。与其追求纯粹

① 武藏坊弁庆（1155—1189），日本平安时代末期的武将，武士道精神的传统代表人物之一，传奇的一生常被作为日本神话、传奇、小说等的素材，形象为刚强威武。

② 一种妇女、小女孩玩的玩具，彩色小球。

③ 指佛教的金刚力士，仁王为尊称。

④ 公元前十三世纪时犹太人的民族领袖，也是重要的预言者。

而使自己窒息，我宁可在混浊之中成长。我现在是这么想的。其实这也没什么，简单一句话来说，就是我不想输。

这部作品健康与否，我想应该交由读者决定，但作品本身绝非软弱无力，岂止如此，我可是用尽全力在写。这样的小说现在发表，对我应该是不利的。然而我真心认为三十一岁就该像个三十一岁的人，要勇于尝试各种冒险。我还写不出《战争与和平》那样伟大的作品，且今后还有好长一段路要摸索，应该会很痛苦吧，前方的浪还很大，这点我有自知之明，我会十分小心地用心。这部作品不论是形式上或是从情感上来说，　定都还未从三十一岁的框框里跨出来，但是对此我得要有自信。三十一岁只能写得像是三十一岁该有的样子。我认为这也是最好的状况。我边写边感到悲从中来。也许我不该这样写，但是胸口一波波情绪涌上来，实在无法不写下来。这一阵子我全心全意、全意全心地过着如履薄冰的日子，非常地、严重地被残暴对待。

但是没关系，我会试试看，虽然短时间内还会无所事事，但过段时间就会变强。首先，我不得不先教自己相信，不说谎不会死。

来说一件以前的事吧。

我曾经认为，我是个不幸福的人。偏偏众人的眼中，我应该是属于幸福的那一方。我很软弱，不敢反驳，只好点头说："是嘛是嘛。"因为某种不满足的心情，才会让我想要格外努力；因为实在是太喜欢了，反而感到痛苦；热爱人生、爱好生活的人，因为运气太好反而有些退缩、害怕等等。这些特质多是在女性身上可见，他们说是自寻麻烦，不过我发现他们也只会在背后指指点点。

也有些人会故意捉弄我，说我是佳人薄命、怀璧有罪，还有甚至为了看我喝醉到脸红耳赤、狼狈不堪，故意灌我酒的恶作剧者。

然而，某夜，有个人用再平稳平静不过的声音说了句："你真是个不幸的男人哪"。那人是佐藤春夫[1]，我感到前方突然豁然开朗，忍不住开口问。他说你真的是这么认为？我发现自己微微地笑着。“嗯，你是不幸的。”他仍旧毫无疑虑地回答。

另一个这么说我的人是M·S先生，在《文艺春秋》昏暗的会客室里。他一字一句咬字清楚地说道：“如果没有遇上喜欢你喜欢到愿意跟你一起去死的编辑，你会是一个不幸的作家。”如此断然论定的S先生，他清瘦的身躯里满是坚定的意志，令我尊敬。

大多时候，我只能苦笑以对。对很多人来说，不知为何我总是很吵，是个行事冲动的家伙。但其实是因为我害怕着每一个人，于是为了让大家在那个当下，可以多一点开心，可以多一点的自信，可以大笑一番，我心心念念地在意这些事，于是我装成盗贼，模仿人家乞食。心底一角真的有盗贼存在，曾真实乞食过，为求生存而日夜懊恼辗转的贫弱之子，看见我这模样，私自认为我是与

① 佐藤春夫（1892—1964），日本诗人、小说家、评论家。

他同病相怜的兄长，悄悄地感到心安，产生对生存的信心，我是这么相信的。净想些愚蠢的事。很快地我就会被踹走。审判之秋。我会变成众人憎恨的对象。我很明确地被划分在一条重要的线外。懒惰。当一条线消灭了，人们又将以溃堤之势强烈地指责我是天生的极度恶人哪。贫弱之子的怨嗟、嘲笑怒骂的气焰将烧向我这过去被视为是同病相怜的兄长耳朵里。好烫！我发出可怜的悲鸣，左闪右闪一靠近炉边，栗子也会爆炸，打算倒水瓶里的水来喝，也会被蟹钳吓得倒地，一屁股坐到大黄蜂的巢，又赶紧跑到庭院，经过屋檐下捣臼的慰问，此次的猴蟹对战，对猴子的刑罚就这么四面八方地塞住，气喘吁吁，赶紧躲进魔窟的一室之中。

那一夜的事，我不会忘记。我本来想死的。别无他法。我烂醉如泥，连外套都没脱，咚的一声倒下，那女人在我身旁笑道：“从前的名妓呀，不论是怎样的客人上门都得委身于人，既像水也像是暖帘般，身不由己。然后像蒙娜丽莎一样微微噘着嘴唇，静静地待着，客人就爱得发狂，卖田卖地来给她。听到了没有，这里可是重点哪。自古以来被称为名妓的人皆如此，从不随意开口要个戒指之类的东西，总是默不出声，让人以为是不是还不够。那些坚持卖艺不卖身，严守原则的人是女人，不让客人碰身体，无论如何也当不了名妓的。”说得真过分。这可以说是撒旦的美学、名妓论吗？我狂吐了一地之后，陷入昏睡。

突然醒来，房间一片黑暗，伸手不见五指。抬起头来，发现枕边放着一封雪白正方形信封。为什么在这里会有一封信呢？我心跳加速。那信封纯白得发亮，端端正正地摆放着。我一伸手拾起，划过榻榻米。突然发现！月已上柳枝头，月光从这魔窟房间的窗帘缝隙蹿进来，散落在我枕边，形成一块正方形的月影。我凝然不动，是从月亮来的信。有种说不出来的恐怖。

我实在无法忍受，奋力弹起，拉开窗帘开了窗，看见月亮。今晚的月亮看起来好陌生，本想跟她搭话，最后却什么也说不出口。月亮也装作不知道。

冷酷、严肃，打从一开始根本就不把人当一回事，完全不同层次。我狼狈地呆立着，既没有苦笑也不含羞，我本来就不是那么单纯的人。我低吼了一声，好想就这样变成一只小小的螽斯。

依赖会招致厌恶。我知道那种在自然之中，勉力维生的孤独、严峻。被雷火烧毁的家园里开出了瓜之花。我想要好好地保护那朵在废墟之中盛开的瓜之花，使它坚强地长大。

萤之光、窗之雪。[1]

窗明几净，我辈秀才一同摊开书本端坐于位上，啊啊，窗外竟传来号外发行的铃声。然而我们必须要读书。你听我说，养一条金鱼，就算是放任它随兴生活，顶多也只有一个多月的寿命而已。

---

① ほ、蛍の光、窓の雪。

为军队送行的悲伤。[1]

为入伍即将前往战场的小兵送行，不可以哭吗？我无论如何都无法抑制眼泪溢出来，实在是没办法，请原谅我。

人间处处是地狱。[2]

有一天晚上，突然念到“不忍池”一词，才发觉，“咦？这名字真可笑哪”。这名字的背后一定有这样的故事，一定是这样。

在一个不确定是什么时候的年代，在江户的旗本[3]之家有个名叫冠若太郎，如樱花花瓣般美丽的十七岁少年。和他从小一块长大的玩伴是一名为由良小次郎的十八岁少年武士，是可媲美月牙

① へ、兵を送りてかなしかり。

② と、とてもこの世は、みな地獄。

③ 江户幕府时期俸禄未满一万石的武士。

的美丽少年。冬季的一个阴天，两人因为马鞍的握法与用法意见相左，争吵到后来，一方的冷笑激怒了另一方，于是其中一人开口说："我要杀了你。""好啊，我不会放水的。"两人相约要决斗。

到了约定的那一天，由良正要出门时，发现外头冷雨纷纷，于是转身入屋，撑了伞才出门。约好决斗的地点是在上野的山里，途中他认出冠若太郎因为没带伞而在街上人家屋檐下躲雨的身影。若太郎如淡红色山茶花般寒冷瑟缩，一脸困惑的样子。

"喂。"由良出声招呼。

若太郎转头看见由良，开口笑了。由良脸颊微微泛红。

"一起走吧。"

"嗯。"两人并肩走在寒雨之中。

一把伞下，两人依偎并行，最后来到决战的地点。

"准备好了吗？"

"随时都行。"

于是两人拔刀相向，同时向对方冲去，一阵刀光剑影后，若太郎输了。由良断了他最后一口气，刀上的血便是在上野的池子中清洗。

“虽然很遗憾，但这就是武士的气概，约好的事情是不会改变的。”

从那天开始，世间称此为不忍池。这真是个残酷的世间。

畜生的悲哀。[1]

从前负责修筑城堡的匠师，最在意的是该城堡废弃之后的模样，以此为想象、制图，他会将设计重点放在假若这里变成废墟，如何能维持美丽景色；从前制作烟火的名人也是在烟火飞上天空爆炸时的声音上用尽心力。欣赏烟火是用耳朵听的；陶器最重要的点就是捧在掌中时的重量。自古以来，愈是被称为名匠大师者，皆在重量上

① ち、畜生のかなしさ。

苦思。

我一脸正经地教家里的人这些事情，他们都听得很感动。怎么会都没有人注意到，这么愚蠢的事情，书里都没有写到。

我又继续往下说。

“妾即离君若逝露，萦思会逢和泉处。景风萧然人孑立，信太泪痕凝悲树。”[①]

谁都知道这是狐女所作的歌。歌中充满了人兽无法结合的痛苦和对可怜的恋情无限的哀伤。在那故事的深处，可以感觉到一种非常深刻、不像是这个世界应有的不安。从前，江户深川某旗本的妻子很年轻就过世了，留下一名女儿。一晚，

---

① 此诗源于日本传说。故事发生在村上天皇的时代，河内国的石川恶右卫门的妻子病重，其兄芦屋道满为其占卜，结果是妹妹只要吃了信太之森的野狐之肝即可治愈，石川恶右卫门遂派人猎狐。安倍保名在森林中救下被猎人追捕的白狐，自己也受了伤，这时出现了一位自称葛叶的女子，为其包扎，并送保名回家。葛叶和保名日久生情，最后结婚，并生下儿子童子丸（即日后的安倍晴明）。童子丸五岁时，葛叶无意中显出原形，原来她就是保名救助的那只白狐。暴露了真实身份，只好留下这首和歌返回信太之森。

妻子出现在丈夫的枕边唱着歌。“葛叶走在色彩缤纷的山路上，听到佳奈的哭声，我无法安心上路。”色彩缤纷的山路说不定是指冥界的某座山里的路，佳奈是女儿的名字吧。无法安心上路则应是说这名年轻母亲的幽魂仍飘荡于人世。

现今也有人认为这是妖怪所作的歌，但到目前为止还无法确认。就连意思也并不是那么清楚，只是认为那其中隐含着不像是这个世界应有的凄惨。还有一首和歌也是这样唱道：“惊见吾妻为青鹭，无言挽留空余恨。”

每个人的秘密一说出口，就是一部私小说[①]。小说的动机即作者的爱情。我是这么相信的。非恶魔崇拜。

龙宫在海底。[②]

---

① “私小说”是一种日本文学体裁，源自20世纪初期，主要是以作者自身经验，暴露作者本身故事的叙述方式，日本近代文学有多部这类重要作品，例如森鸥外的《半日》、夏目漱石的《道草》等等。

② り、竜宮さまは海の底。

拖着老朽的身体，追着不会实现的梦想，在荒凉的海岸边徘徊，白发苍苍的浦岛太郎果然还是在这世上挣扎度日。把金龟子关在烟盒里，听着它在里面骚动的声音，眯起了眼，这是我的八音盒。真是有够悲惨。以前是德国的废帝，还有埃塞俄比亚皇帝。昨天的晚报上，西班牙总统阿萨尼亚[1]最后还是不得不宣布辞职。这些人的个性说不定都意外地温吞而悠然自得。这些豪杰说不定是那种即使卖了樱花园也可以毫不在意，认为反正满山遍野有许多赏樱的景点都是自己的囊中物从而照样能够有赏樱的乐趣的人。

然而我时时在想，若是他人的话，会怎么做呢？

① Manuel Azana Diaz（1880—1940），西班牙第二共和国总理和总统，曾试图组织自由主义政府，因西班牙内战而失败。

沼之狐火。[1]

北国夏天的夜里，只穿一件浴衣还会感到有些凉意。当时我十八岁，就读高等学校一年级。暑假回到家乡的小村子去，村外有间稻荷神社，传说神社旁的水池每天晚上都会浮现五六团狐火。

在某个无月的夜晚，我骑着脚踏车提着灯笼要去看狐火。我在那宽仅一尺或五寸的田间小路上一边不让夏草的露水沾上，一边摇摇晃晃地骑着车。一路上蟋蟀的声音不绝于耳，萤火虫也像是撒了满地般，四处都亮着萤火。我穿过神社的鸟居，奔走在漆树林立两旁的路上，毫无意义地让脚踏车的铃声乱响。

走到水岸的尽头，脚踏车的前轮陷在水中。我自车上跳下，轻喘一口气，看见了狐火。

水池的对岸，一团、两团、三团红色的火球并列，时闪时灭。我推着脚踏车沿着水岸走，这

① ぬ、沼の狐火。

大约是一圈十丁[1]的小水池。

靠近一看，发现是五名老公公铺着草席在开饮酒会，狐火则是挂在池边杨柳枝上的三个灯笼，是运动会上看到的那种圆形灯笼。老公公们看到我的到来，全都拍手叫好，热烈欢迎。这五人之中，有两位老公公我是认识的，他们一个是开米店的，破产了，另一个则是包养丑女又痴呆，两人都是村里的笑柄。吹过水池扑鼻而来的风，十分难闻。

他们这五人据说每天晚上都在这里聚集，吟诗作对。看着我脚踏车上点着的提灯，彼此对看一眼后说："看见狐火会没命的哦。"顿时又哄堂大笑。他们倒了两三杯冰凉的浊酒给我喝，然后还拿他们做的诗让我看，每一首都非常笨拙，甚至还有"芒草丛下的枯骨"之类的句子。我就这么骑着我的脚踏车回家。

就连芭蕉也很过分地说过："明月啊，座上何有美人哉。"

---

① 一丁约为110米。

流转轮回。[1]

我本想在这里写某帝大教授的事，但实有困难。该教授在两三天前被起诉了，理由是“左倾”思想[2]。然而该教授在五六年前，我们还是学生的时代，就已经是以身为学生“左倾”思想的导师为己任，也因此，当时的教授所传授的言论，被当作今日起诉的理由之一。这个部分，让我觉得为难。

如果能再多给我四五天的时间，我会好好思考，花工夫将这个事件整理成一篇完整的故事呈现，然而今日已经是三月二日了，此杂志将在三月十日左右发行，今明两日交稿都已经十分紧迫了吧。我今天不论如何都得要将稿子直接送到印

---

① る、流転輪廻。

② 即“左翼”。认为历史是人民创造的，主张追求各民族平等和劳动者的解放。

刷厂，都已经答应人家了，会让我这么痛苦都是因为平时怠惰之故，这种事情确实不应该。光是觉悟，就算知道错了，至今不也都还是一贯地懒散吗？这样是当不成小说家的。

姥舍山顶上的松风。[1]

我应该更严以律己才是。如果再次让我的丑态不断循环、重复，就把我丢到姥舍山去等死算了。懒惰的歌留多。一如字面所示，已是懒惰的歌留多了，不就是从一开始就已如此打算了吗？不，我已经不会再说这种谎话了。

我抬起头来，仰望眼前的群山。[2]

---

① を、姥捨山のみねの松風。

② わ、われ山にむかいて眼を挙ぐ。

下民易虐，上天难欺。[1]

黑夜之后，白天将临。[2]

① か、下民しいたげ易く、上天あざむき難し。

② よ、夜の次には、朝が来る。

《文艺》 昭和十四年四月

编辑室后记：

# 关于太宰治

# 关于太宰治

太宰治（1909—1948），出生于青森县的世家，家中有十一个小孩，他排行第十。可以过着优渥生活的太宰治，在与原生家庭断绝关系之后，只能靠着兄姐的私下接济和微薄的稿费收入维生。如同他所说：“我出生时就是人生的高峰。先父是贵族院议员，他用牛奶洗脸。他的儿子过得一天不如一天，需要靠写文章挣钱。因此我可以理解所罗门王无尽的忧愁也能理解贱民的肮脏。”在一些片段中，可以看出他曾为了钱和家人有些嫌隙。例如，姐姐来信说：“无时无刻催着要钱，我感到很困扰。又不能对母亲说，只能从我这儿拿出钱来，真的很困扰。”又例如，他提到：“昨晚，我为了一元五十钱的小事，花了三个小时与家人大吵。真是遗憾。”明明是有钱人家的孩子，却得为金钱烦恼，这的确是一般人难以想象。事实上，金钱对太宰治来说是身外之物，他认为：“金钱终究不是最好的东西。如果现在我手上有一千元，你想要的话，就给你。”

世人眼中的太宰治，是个多情又无法控制自杀念头的天才作家。若从他的成长背景来看，可以推测阶级、身份是困扰他的重要原因之一。作家对人生的绝望，源自他的前半生和相遇的人们，偏巧有几位愿意和他一起踏上最后一段路。然而，几次的失败，让他痛苦地活着，才得以写下更多传世的作品。

在写作方面，太宰治是诚实又负责地面对他写下的一字一句，“小说”类型对他来说是很重要的一种写作形式，他说：“作家一定要写小说。”除此之外，太宰治也曾有被退稿的经历，太宰治有本放在手边的《执笔手帖》，其中曾记载着“昭和十二年年末《发表　创作　悖德的歌留多》文艺春秋　21”，但被划掉，之后又在昭和十四年三月那一页写下“四月　懒惰的歌留多　文艺春秋　35”。在他的妻子美知子夫人于《回想太宰治》一书中提到，太宰治于昭和十二年末，以《悖德的歌留多》为题，写了二十一张稿纸，被《文艺春秋》编辑部退稿。后来又以此为底，改作《懒惰的歌留多》共三十五张稿纸，在昭和十四年获得《文艺春秋》刊载于四月号。也就是本书最后所收录的《懒惰的歌留多》。歌留多（かるた）又称为歌牌，是一种挑战记忆力与反应力并结合文学诗歌的牌类游戏。在这篇文章中，可以看到太宰治对自己的告解，也许他本想强调自己无法写作是种悖德，后来发现这一切都是借口，其实就是懒惰而已。但是当这位懒惰者发现自己就是懒之后，开始他无穷的想象狂奔，直至结尾，他承认光是觉悟不够，因为事实上还是懒散着，这样是当不成小说家的。

太宰治认为自己没什么学问，一事无成、出了名的恶名昭彰，拥有的只是一点小小的自尊，借此对他的崇拜者说不要学习他的愚蠢。然而害羞的他能以文学为志业，这种内外性格的矛盾，造就他成为文坛一颗闪耀的星星。

# 太宰治大事年表

1909 本名津岛修治的太宰治，于6月19日出生于青森县北津轻郡金木町（现在的五所川原市）。

1916 进入町立金木寻常小学。

1923 进入县立青森中学（1950年后为县立青森高中），父亲在这年于议员任内过世。

1925 在中学校友会刊上发表习作《最后的太阁》，并发行同人杂志《星座》。

1927 进入弘前高等学校（现在的弘前大学）文科甲类（英语班）就读，在这年认识小山初代。

1928 创刊同人杂志《细胞文艺》。

1929 困惑于共产主义与自己的地主阶级出身，在期末考试前夜，首次自杀未遂。

1930 进入东京帝国大学法文系。师从井伏鳟二。同年与咖啡店的女侍在镰仓的小动海岬跳海殉情未遂，但女侍身亡。被津岛家除籍，与小山初代结婚。

1932 向警方自首参加左翼运动，并遭拘留。其后脱离左翼运动，转而专注文学创作。

1933 在《东奥日报》首次使用太宰治为笔名发表短篇小说《列车》。

1935 《都新闻》的入社考试未果，在镰仓上吊自杀未遂，《逆行》成为第一届芥川文学奖的候补作品。大学退学。

1937 太宰治与小山初代殉情自杀未遂便分手。

1938 与石原美知子认识，12月就订下婚约。

1939 与石原美知子在井伏鳟二家举行婚礼，于秋天移居东京三鹰。同年发表《富岳百景》。

1940 《奔跑吧！梅勒斯》等作品发表，《女生徒》获北村透谷文学奖第二名。

1941 长女园子出生，太田静子初访太宰治于三鹰居所。

1942 太宰治母亲过世。

1944 前妻小山初代在中国病逝。长子正树出生。发表《津轻》。

1945 发表《惜别》《御伽草纸》。

1947 与太田静子的女儿治子诞生。发表《斜阳》。

1948 发表《如是我闻》《人间失格》《樱桃》。与山崎富荣跳玉川上水自杀。